KB273459

기획 천재의
idea
기술

아이디어 전쟁에서 승리하는 7가지 노하우

기획 천재의 idea 기술

스티브 리브킨 · 프레이저 시텔 지음 | 윤태식 옮김

김앤김북스

기획 천재의 아이디어 기술

2쇄 발행 2009년 5월 15일

지은이 • 스티브 리브킨 · 프레이저 시텔
옮긴이 • 윤태식
펴낸이 • 김건수

펴낸곳 • 김앤김북스
출판등록 • 2001년 2월 9일(제12-302호)
서울시 중구 수하동 40-2번지 우석빌딩 903호
전화 (02) 773-5133   팩스 (02) 773-5134
ISBN 978-89-89566-32-8   03320

CONTENTS

체이스 맨해튼 은행에서 35년간 일하면서 나는 우리 은행의 실적과 수익을 높일 수 있는 많은 방법들을 관찰할 수 있었습니다. 직업의 특성상 은행원들은 훌륭한 것에서부터 나쁜 것까지 매우 다양한 사업 관행들을 마주하게 될 뿐 아니라, 같은 분야의 경쟁자들이 서로 어떻게 자신의 회사를 경영하는지 평가할 수 있는 독특한 위치에 있습니다. 엄격하게 분석된 대차대조표, 손익 계산서, 현금 흐름표 등의 경제적 데이터들은 회사의 신용을 평가하고 대출의 확대 여부를 결정하는 근거였고, 이것은 지금도 그렇습니다.

그러나 딱딱한 경제적 데이터들 밑으로 우리는 정말로 뛰어난 회사를 그냥 좋기만 한 회사들로부터 구별해 주는 사업적 관행들을 볼 수 있습니다. (어떤 이들은 이를 '기업 문화'라고 부릅니다.) 유연한 근무 시간에서부터 사내 예술 프로그램 및 탁아소 운영 등 다양한 범위를 아우르는 이러한 관행들은 보이지도 만질 수도 없는 자산의 일부이지만 그럼에도 불구하고 그것들은 엄연히 존재합니다. GE나 마이크로소프트, 인텔 등 굉장히 성공적인 회사들은 이러한 혁신적인 방법들로 유명합니다.

은행의 최고 경영자로서 내가 마땅히 해야 함에도 불구하고 그동안 하지 못한 것은 전 세계를 돌며 관찰한 혁신적인 아이디어들을 체이스 은행에 도입하는 것이었습니다. 만약 그랬다면 엄청난 차이를 만들어 냈을 것입니다. 그러나 당시에는 이 책처럼 나를 이끌어 줄 안내서가 없었습니다.

여러분은 다행히 나와 같은 변명을 할 필요가 없습니다.

이 책에서 스티브 리브킨과 프레이저 시텔은 기업인과 사업가들뿐 아니라 정부 부문과 비영리 부문의 리더들에게도 이루 말할 수 없이 소중한 자료를 제공하고 있습니다. 풍부한 유머에 통찰력 있고 도발적이라는 말은 이 훌륭한 책을 설명하기 위해 떠오르는 몇 안 되는 단어들일 뿐입니다. 사업이나 단체를 생산적이고 역동적이며 계속해서 확장할 수 있도록 유지하려는 사람들은 누구나 반드시 이 책을 읽어야만 할 것입니다.

데이비드 록펠러
前 체이스 맨해튼 은행장

  정확하게 3년 전 여름, 그동안의 마케팅 업계에서 축적한 자산을 밑바탕으로 마케팅 컨설팅 사업을 시작하면서 가장 먼저 고민을 했던 주제는 회사의 슬로건이었다. 그동안 수많은 기업 브랜드들의 슬로건 개발 프로젝트에 참여를 해왔으면서도 정작 내 회사의 슬로건은 만드는 일은 가장 힘겨운 일이었다. 며칠의 고민 끝에 내린 결론은 평소 느끼고 생각하고 있는 마케팅이라는 세계를 정의할 수 있는 두개의 단어를 그대로 쓰자는 것이었다. 그것은 바로 과학과 창의(Science & Creation)라는 말이다.

  그 의미를 풀어 보자면, 마케팅 플래닝의 첫 단계에서 이루어지는 것은 시장 상황이나 소비자 동향을 파악하는 것에서 출발하여 그 가운데 나타나고 있는 우리 브랜드의 문제점과 기회들을 찾아내는 작업이다. 이 과정에서 마케터에게 필요로 하는 가장 중요한 역량은 그러한 주제들을 제대로 분석하기 위한 과학적 시각이다. 그러한 의미에서 마케팅을 설명하는 데 '과학(Science)'이라는 단어는 매우 중요하다. 그리고 그 다음 단계에서 이루어지는 것은 앞서 이루어진 분석의 결과를 근거로 우리 브랜드의 성공 해법을 도출하는 일일 것이다. 그것은 전통적인 마케팅믹스에서 마케팅 커뮤니케이션 영역 이르기까지 다양한 분야에서 전략/전술적 아이디어를 도출해 내는 과정이다. 바로 이 단계는 창의적 발상(Creation)이 그 어느 때보다 필요한 순간이다. 따라서 마케팅은 과학과 창의라는 너무나 이질적으로 보이지만 상호 시너지를 일으켜야 하는 커다란 두 키워드가 공존하는 세계라 할 수 있다.

그런데 그동안의 경험 가운데 늘 갈증을 느끼는 영역은 바로 두 번째 단계 "그래서 어떻게 해야 하는가"라는 물음에 대한 답을 찾는 일이었다. 물론 마케팅에서 결코 쉬운 주제란 없다. 그러나 다행히도 과학적으로 시장이나 소비자 동향을 분석하는 방법은 시장조사 방법론이나 SWOT 분석 등의 이름으로 많은 연구결과나 서적을 접할 수 있었다. 하지만 우리 브랜드의 문제점을 해결하고 기회를 활용하기 위한 해법을 도출하고자 할 때 가이드라인을 삼을 수 있는 것은 그다지 많지 않다. 그나마 이루어지고 있는 것은 유사한 상황에 놓인 다른 브랜드들의 사례를 벤치마킹하는 정도이다. 이것은 그만큼 아이디어를 제안하는 것은 이론적으로 정리를 하거나 구조화시키기에 어려운 주제임을 반증하는 것일지도 모른다.

그러한 의미에서 이 책은 이 땅의 많은 마케터들에게 하나의 청량제와 같은 역할을 해줄 것이라 생각한다. 하늘 아래 새로운 것은 없다는 말이 있듯이 우리가 가지고 있는 기존 자산들이나 다양한 생각들을 근거로 그것의 분해, 그리고 또 다른 재조합, 제거와 추가, 부활 등을 통해서 보다 새롭고 효과적인 마케팅 아이디어를 도출할 수 있음을 이 책은 전해 준다. 더불어 무엇보다도 중요한 것은 해법을 찾고자 하는 용기에 무게를 두고 있다는 점도 이 책이 갖고 있는 청량제적 장점이기도 하다. 또한 이 책은 마케팅 이외의 다양한 주제를 놓고 해법을 찾고자 고민하는 분들에게도 쉽게 읽힐 수 있는 수준의 책이라 생각한다. 어찌 보면 세상사의 많은 부분들이 고민하는 사람이 그것을 마케팅과 관련된 고민이라 알고 있든 모르고 있든 마케팅적 사고를 늘 하게 만드는 것인지도 모르겠다.

그동안 마케팅 컨설팅 사업을 한다는 핑계로 정작 마케팅 아이디어로 행복과 만족을 찾아주는 데 소홀히 했던 나의 가장 가까운 고객들, 바로 가족들과 인생의 선후배들과 벗들, 그리고 메이븐스퀘어를 같이 키워가고 있는 회사 식구들에게 이 책으로나마 미안하고 고마운 마음을 전하고 싶다.

올해는 여느 해보다 더위가 일찍 찾아온 것 같다. 이 글을 쓰고 있는 이 시각, 더위와 씨름하며 마케팅이라는 주제로 같이 고민을 하고 있을 수많은 마케터들에게 이 책이 좋은 벗이 되었으면 하는 바람을 안고 부족한 글을 마친다.

윤태식
메이븐스퀘어 대표

뮤즈를 불러내는 기분이 어떤지 혹시 아는 사람이 있는가? 요가에서 하는 것처럼 다리를 꼬고 앉아서 신성한 영감의 기운에 몸을 내맡기거나, 산의 정상에 올라가 시원한 공기를 들이마시며 무언가를 착상해 내고 고안하고 창조해 내는 기분 말이다.

사실 우리도 모른다.

솔직히 말해 우리들 중 대부분은 그렇게 창조적이지 않다. 물론 우리도 간혹 좋은 아이디어를 생각해 낼 때가 있다. 그러나 시카고 컵스(Chicago Cubs)도 한때는 월드시리즈에서 우승한 적이 있지 않은가?[1] 그 때가 1908년이었던가?

만약 당신도 우리와 같다면 슬픈 사실이지만 당신은 그림을 그릴 줄도, 연기할 줄도, 피아노를 칠 줄도, 요들송을 부를 줄도, 심지어

---

1 미국 메이저리그 소속의 프로야구팀인 시카고 컵스는 1876년에 창단하였다. 창단 당시에는 강팀이었으나 1906년과 1907년 월드시리즈 우승, 1945년 내셔널리그 우승 이후 1950년대부터는 2회의 지구 우승(1984, 1985) 이외에는 계속 중하위권에 머물고 있다.

카드를 칠 때 속임수를 쓸 줄도 모를 것이다. 그러니 한번이라도 당신이 창조적이고 역동적이며 무엇보다도 현명한 영감을 내는 아이디어의 달인으로서 존경받길 기대할 수 있겠는가?

그렇다. 당연히 기대할 수 있다.

그리고 이 책은 그 방법을 알려줄 것이다.

즉, 어떻게 뛰어난 아이디어맨이 될 수 있는지를 말이다.

잠시 당신의 부서에 방금 새로운 서비스를 만들어 내라는 요청이 떨어졌다고 상상해 보자. 또는 당신의 광고 회사가 새로운 의뢰인을 얻기 위해 경쟁을 해야 하거나 회사 조직에 문제가 생길 수도 있다. 또는 당신의 회사가 새로운 브랜드를 출시하고 싶어할 수도 있다. 또는 작년 자본 유치 실적이 엉망이었을 수도 있다.

"누구 아이디어 가진 사람 없나?" 회의 시간에 우리는 이 말을 얼마나 자주 듣게 되는가? "지금 내게 필요한 건 새로운 아이디어야" 라고 우리는 얼마나 자신에게 되뇌었던가?

새로운 아이디어라고 말하면 대부분의 사람들은 새로운 제품에 대한 얘기라고 생각한다. 어쨌든 2000년 한 해만 보더라도 미국에서는 약 26,000개의 신제품이 쏟아져 나오지 않았는가.

그러나 새로운 아이디어에 대한 우리의 개념은 좀 더 광범위하다.

새로운 아이디어는 신선한 사고의 결과물로서 무엇보다도 문제를 해결하는 것이다. 그것은 내일의 성공에 불을 지피는 참신한 생각이기도 하다. 또한 그것은 우리의 사업과 직업적인 삶을 앞으로 나아가게 하는 무엇이든지 될 수 있다.

체계를 좋아하는 고전적인 사고방식에서는 다음처럼 여섯 단계로 구성된 문제 해결 모델을 제시한다.

1. 문제를 파악하라.
2. 잠재적 원인을 분석하라.
3. **실현 가능한 해결 방법을 알아내라.**
4. 최고의 해결 방안을 선택하라.
5. 실행 계획을 짜라.
6. 계획을 이행하고 결과를 평가하라.

사업가들은 문제를 과잉 분석하는 데 많은 시간을 보낸다. 그러나 중요한 것은 그것이 아니다. 문제를 해결하는 것이 진짜 목표다. 그것이 바로 자본주의 사회에서 진짜 알짜배기 자본인 것이다.

그래서 우리는 세 번째 단계를 굵게 표시하였다. 이 책은 온통 세 번째 단계에 관한 것이 될 것이다. 해결방안이 없으면 아무 것도 없기 때문이다.

뛰어난 아이디어맨은 창조적이고 혁신적이며 훌륭한 아이디어가 바로 우리 눈앞에서 발견되길 기다리고 있다는 것을 잘 안다.

그 아이디어들의 실현을 방해하는 것은 바로 진정한 창조성이란 어떤 내적 영혼으로부터 기적적으로 샘솟거나 어떤 외부의 뮤즈로부터 신비롭게 나타난다는 케케묵은 관념이다.

이것은 다 허튼소리다.

혁신적인 사람이 되기 위해서는 기존에 있는 좋은 아이디어를 발굴하고 모아두며 집중해서 보겠다는 단순하면서도 굳은 결심 하나만 있으면 된다.

새로운 아이디어를 찾아내는 일은 바퀴를 다시 발명해내는 일이 아니다.

충격적인 소식을 하나 알려드리자면, 우리는 기존의 아이디어를 빌려와도 괜찮다는 것이다. 천재성은 그것을 당신의 필요에 맞게 개조(adapt)하는 데 있다.

- 무엇을 개조할 수 있을까? 워싱턴의 한 병원은 플로리다의 한 자선단체로부터 기금 마련 아이디어를 빌려와 개조했고, 그들의 역사상 가장 성공적인 성과를 거두었다.
- 접근법이나 재료, 성분, 또는 겉모습에서 무엇을 대체할 수 있을까? 이런 식으로 셰익스피어의 〈로미오와 줄리엣〉은 〈웨스트 사이드 스토리〉가 되었다.
- 기존의 것에 무엇을 새롭게 결합할 수 있을까? 이런 식으로 항생제 연고가 패드에 발라져 있는 상태로 밴드에이드(Band-Aids)가 출시 되었다.
- 무엇을 확대하거나 축소할 수 있을까? 맥도널드와 피자헛은 공항 터미널 내부에도 입점하기 위해 그들의 매장 규모를 축소시켰다.
- 기존의 것을 어떤 다른 용도로 사용해 볼 수 있을까? 암앤해머(Arm & Hammer)는 베이킹소다를 냉장고 방취제와 겨드랑이 방취제, 그리고 치약의 한 성분으로 전환하였다.
- 무엇을 제거할 수 있을까? 새턴(Saturn)은 자동차 구매 과정에서 판매원들에 대한 두려움과 반감을 없애는 일에 착수했다.
- 무엇을 뒤바꿀 수 있을까? 장난감 회사 레고는 경솔한 다각화(diversification)를 전면 수정하고 핵심 사업으로 되돌아갔다.

- 무엇을 되살릴 수 있을까? 커머스 뱅크(Commerce Bank)는 개인 및 중소기업 금융 부문에 긴 영업시간과 개인적 서비스(personal service)라는 오랜 덕목을 되살렸다.

그리고 무엇보다 가장 좋은 소식은 바로 당신도 할 수 있다는 것이다!

기존의 아이디어들 중 최고의 것을 빌릴 준비가 되었는가?

이 책을 계속 읽어 나간다면 당신도 훌륭한 아이디어맨이 되어 있을 것이다.

"하지만
난 창조적이지
않아"

안망

01

당신은 창조적인 사람이다. 우리 모두 그렇다.

단지 어떻게 하면 창조적인 사람이 될 수 있는지 잊어버렸을 뿐이다.

사실 우리는 모두 신선한 방식으로 사고하고 문제를 해결할 수 있는 능력을 가지고 있다. 대규모의 평사원 기계공들을 조사한 결과 그들 중 3분의 2가 창조력 검사에서 평균 이상을 기록했다고 한다.

수십 년에 걸친 심리학 검사는 창조적 재능이 정상 분포하고 있다는 사실을 보여준다. 우리는 모두 이 재능을 일정 정도 보유하고 있는 것이다.

그렇다면 무엇이 새로운 아이디어를 생각해 내지 못하도록 방해하는 것일까?

이것은 우리가 성인이 되면서 상상력에 대한 어릴 적 충동을 잃어버림에 따라 이러한 장벽이 생기는 것일 수도 있다. 또는 상관 때문에 독창적인 아이디어를 생각해 내지 못하는 것일 수도 있다. 경우에 따라서는 당신 자신의 기대치가 너무 높은 것이 방해가 되기도 한다.

어린이들은 해낸다

먼저 이 문제에 관해 진짜 전문가들과 상담하는 것부터 시작해 보자. 그 전문가들이란 바로 어린이들이다.

초등학교 2학년 학생들이 교실에 앉아서 양 손잡이가 떨어져 나간 빈 양철 깡통을 바라보고 있다. 그들에게 이것을 어디에 사용할 수 있는지 물어보라. 곧 아이디어들이 마구 쏟아져 나올 것이다.

- 곤충 상자
- 개미 집
- 저금통
- 깡통 차기 놀이
- 몸이 작은 사람들을 위한 세탁기
- 인형 모자
- 전화기
- 고양이 장난감
- 아버지 핸드그립
- 녹아서 파워레인저로 변하는 것

이제 그 빈 양철 깡통을 미국에 있는 어느 기업이든지 위로 올라

갈 일만 남은 중간 관리인들에게 줘보자.

"이 빈 양철 깡통으로 할 수 있는 모든 것을 말씀해 주십시오. 60초를 드리겠습니다."

"음…… 어……"

도대체 어떻게 된 것인가?

대부분의 경우 나이가 어릴수록 열려 있고 남을 쉽게 믿으며 자기를 의식하지 않고 명랑하다.

뛰어난 아이디어맨이 되고자 하는 부모나 선생님, 어른들은 다음을 새겨 듣기 바란다. '~하는 척하는' 게임이 좋은 방법다. 사람은 성공에 대한 부담 없이 다양한 일들을 시도해 봐야 한다. 모든 일에 완벽하길 기대해서는 안 된다. 우리는 선 밖으로도 색을 칠해 봐야 하는 것이다.

독창적인 사고는 일종의 자발적인 퇴행 행위, 즉 유년의 심리학적 시간으로 되돌아가는 것으로 묘사되곤 한다.

피카소는 일찍이 라파엘의 수준까지 그리는 법을 알게 되자 어떻게 하면 어린아이처럼 그릴 수 있는지를 발견해야만 했다고 말한 바 있다.

어떻게 어린이들은 그렇게 똑똑할 수가 있을까? 왜 어른들은 그처럼 똑똑하지 못할까?

왜냐하면 상상력은 우리의 지식과 판단력이 증가함에 따라 점점 줄어드는 경향이 있기 때문이다.

그리고 나이가 들수록 우리는 독창적이기보다는 좀더 표준적인 대답을 하게 되기 때문이다.

이 밖에 사업상의 엄격한 규칙들도 신선한 사고를 짓누르는 경향이 있기 때문이다.

만약 이렇게 한다면 어떨까?

어렸을 때 우리는 모두 공상하길 좋아하곤 했다. 우리는 천사가 가득한 성에서 살았고 어두운 방은 기사와 용들이 머무는 동굴이 되곤 했다. 의자의 다리는 우리가 서부 개척자들과 함께 앞으로 싸우며 전진해 나가는 데 걸림돌이 되곤 했다.

어린이들의 '만약 이렇게 한다면 어떨까(What if)?'의 세계는 이와 같았다.

이 능력을 계속 보유하고 있거나 다시 회복할 수 있다면 당신은 소위 창조적이라 일컫는 사람이 될 수 있다.

'만약 이렇게 한다면 어떨까?' 질문을 기존의 아이디어에 접목하면 그 질문을 던지기가 훨씬 쉬워진다. 가령 만약 이 제품에서 성분 하나를 다른 것으로 대체하면 어떨까? 만약 이것이 더 크거나 작다면 어떨까? 만약 우리가 지금 제공하는 서비스에 무언가 새로운 것을 결합시키면 어떨까?

아냐, 잘 안 될 거야

어린이와 어른의 큰 차이 중 하나는 비판의 수준이다. 2학년짜리 아이들은 보통 다음과 같은 코멘트를 받지 않는다. (이것들은 모두 우리가 아이디어 회의에서 너무나 자주 듣던 말들이다.)

- 고객들은 절대 좋아하지 않을 것이다.
- 직원들은 절대 좋아하지 않을 것이다.
- 우리도 시도해 보았다.
- 시간이 너무 많이 들 것이다.
- 비용이 너무 많이 들 것이다.
- 메모장에 자세히 써서 제출하라.
- 내년에 하든지 하자.
- 그건 우리 일이 아니다.
- 그 사람들은 중요하지 않다.
- 사람들은 절대 그것을 사지 않을 것이다.
- 누가 그것을 흥미로워 하겠는가?
- 지금 당장은 그럴 시간이 없다.
- 그건 우리의 사업 방식이 아니다.

새로운 아이디어들은 부서지기 쉬운 연약한 존재이다. 그것은 코웃음이나 하품 하나에도 나가떨어질 수 있다. 그러나 우리는 어렸을 때 (또는 어린이다울 때) 부정적으로 생각하지 않는다. 우리는 단순히 궁금해 하고 탐험하는 것 자체에서 기쁨을 찾았다. 당신이 새로운 아이디어를 장려해야 하는 업종에 있다면 당신의 주변 사람들에게 긍정적인 환경을 마련해 주고 힘을 북돋아 주라. 그리고 최악의 시나리오를 제시하는 일 따위는 삼가도록 하라.

선천적인 특성이라고?

새로운 아이디어를 생각해 내는 능력이 선천적인 특성으로서 후천적으로 계발될 수 없다는 믿음이 있다. 다른 말로 하면 우리는 창조성을 타고나거나 그렇지 않거나 둘 중 하나라는 것이다.

이것은 모두 잘못된 생각이다.

너무나 많은 사람들이 창조성을 극소수의 사람들에게 제한된 재능으로, 오직 독창성이나 예술성과만 연관된다고 생각한다. 그리고 지적 능력이 높은 사람일수록 가장 창조적이며, 나이가 들면 창조성도 급격히 감소한다고 생각하기도 한다.

이건 더 말도 안 되는 소리이다. 수십 년간 실시된 창조력 테스트들은 이 모든 믿음들을 하나씩 불식시켜 나갔다.

갑자기 밀려드는 예감, 순식간에 새로운 방식으로 문제를 해결할 방법을 '꿰뚫어 보는' 정신적 도약은 일반적인 지성과는 매우 다른 것이다.

『사이언티픽 아메리칸Scientific American』에 보고된 연구 결과들에 따르면 '유레카!' 기질이 높은 사람들은 모두 적어도 적절한 수준의 지적 능력을 갖추고 있다고 한다. 그러나 높은 지적 능력과 복잡한 문제에 대해 단순한 해결책을 찾아내는 능력 사이에는 그 이 그러니 단도직입적으로 말해 누구든 창조적인 사람이 될 수 있는 것이다.

- 라이트 형제는 비행기 엔지니어가 아니라 자전거 수리공들이었고 학교 중퇴자들이었다. (교육만으로는 새로운 아이디어로 가는 열쇠가 되지 못한다.)
- 볼펜은 조각가에 의해 발명되었다. (자신의 영역에서 훈련받은 숙련자들이 모든 해답을 가지고 있는 것은 아니다.)
- 전신(telegraph)은 전문 초상화가였던 새뮤얼 모르스에 의해 발명되었다. (예술가도 기술자가 될 수 있다.)

그렇다면 새로운 아이디어는 어디에서 나오는 것일까?

아리스토텔레스와 소크라테스도 이 문제에 관해 고심했지만 대답을 내놓은 적은 없다. 그 이래로 수천 편의 논문과 저서들이 창조적 과정과 정신의 내적 작용에 관해 다루었다. 우리는 알아들을 수 없는 수많은 말들과 함께 수백 개의 이론과 설명들을 들어왔다.

수평적 사고, 마음과 두뇌의 인터페이스(mindbrain interfaces), 정신적 투과성(mental permeability), 사고의 신경생리학, 개념적 융합(conceptual fusioning) 등. 휴!

사고 과정에 대해 손쉽게 사고하는 방법 중 하나는 조금은 부정확한 다음의 세 단계로 틀을 잡아 보는 것이다.

1. 준비 단계(preparation) : 문제에 푹 빠져든다. 정보와 자료, 의
   견들을 수집하고 두뇌에게 일을 시작하라고 말한다.
2. 배양 단계(incubation) : 다른 일을 바쁘게 하는 동안 당신의 무
   의식 중 일부는 열심히 돌아가고 있다. 당신의 두뇌는 여러 가
   지 사고를 병치하고 개념들을 연결시킨다.
3. 발휘 단계(illumination) : 새롭고 꽤 완성된 아이디어가 마치 어
   디에선가 뚝 떨어진 것처럼 튀어나온다. 바로 이거다! 당신은
   드디어 해낸 것이다.

그렇다면 아이디어란 무엇인가?

상기한 세 가지 단계는 흥미롭긴 하지만 그다지 도움이 되지는 않
는다. 왜냐하면 그것은 단순히 어떤 일들이 일어나는지를 설명할 뿐
이기 때문이다. 그러나 정확히 어떻게 그 일들이 일어나는지는 별개
의 문제이다.

그렇다면 서구 문명의 또 다른 지혜의 원천에게 자문을 구해 보도
록 하자. 그것은 바로 만화(comics)이다. 〈B.C.〉라는 연재만화에서
두 인물이 바위에 기댄 채 우리의 주제에 대해 논의하고 있다.

첫 번째 인물 : 아이디어란 뭘까?
두 번째 인물 : 아이디어는 무언가 영감을 주는 생각이야.
첫 번째 인물 : 그건 어디서 나오지?
두 번째 인물 : 글쎄, 전혀 모르겠는데…….

그러나 이 만화와 기꺼이 논쟁을 벌이고 싶어 할 위대한 사상가들
도 얼마든지 있다.

그들은 어떻게 하면 영감을 불러올 수 있는지 보여줄 준비가 완벽
하게 되어 있다. 미국 기업들의 취약점을 노리며 등장한 이들은 아
이디어 산업을 형성하고 있다. 그들은 자기만 옳은 고집쟁이들이자
현대판 로빈 후드이며 뻔뻔한 협잡꾼들이다.

그들은 새로운 아이디어에 대한 탐색을 교묘한 과학으로 바꿔 놓
으려 한다.

그들의 주장에 따르면 아이디어는 우리 스스로는 절대로 완벽히
통달할 수 없는 일종의 과학이다. 그러나 우리는 그 과학을 소위 아
이디어 전문가인 그들로부터 '빌려 올' 수 있다고 말한다. 상당한 돈
을 지불하고서 말이다.

아이디어 산업의 허풍에 놀아나지 마라

02

땡. 땡. 땡. 평화롭고 평온한 종소리가 울린다.

당신은 아침 해가 떠오르고 새들이 지저귀는 이 아름다운 전원 마을에서 직장 동료들과 함께 잠에서 깨어난다.

8시 종이 울린다. 브레인스토밍을 시작할 시간이다.

"셔먼 포레스트에 오신 여러분을 환영합니다. 제 이름은 버디 보프스트롬입니다. 제가 여러분의 브레인스톰 세션을 이끌게 될 것입니다. 오늘 우리는 저희 브레인스템 사를 비롯하여 아이디어 산업에서 일반적으로 쓰는 말로 '상자 밖으로 나가는(out of the box)'는 과정을 다루게 될 것입니다.

우리의 미션은 간단합니다. 오늘 저녁까지 혁명적인 새 자동차 바퀴용 너트를 생각해 내는 것입니다. 그것은 조켄플러스터 코퍼레이션도 자랑스러워할 만한 혁신이 될 것입니다. 그리고 여기 앉아 계신 23분의 매니저들이 바로 그 혁신을 생각해 내게 될 것입니다. 의심스러워하시는 분도 계실 수 있습니다. 그러나 저를 믿으십시오.

먼저 함께 이야기하면서 시작해 보도록 하겠습니다. 모두 일어서서 라커룸에서 겪었던 가장 창피했던 순간에 대해 말씀해 주십시오. 그리고 나서 우리는 "만약 내가 너트라면, 자동차의 어느 부위에 가서 붙는 게 가장 좋을까?"라는 질문에 대해 명상하도록 하겠습니다."

모든 중간 관리자들의 가장 끔찍한 악몽 중 하나인 '아이디어 개발 수련회'에 온 것을 환영한다.

이곳에서 참가자들은 분명 머리가 지끈거리고 신경이 쇠약해지며 리조트 호텔 지하실에 숨고 싶어질 것이다.

그러나 너무 걱정하지 마라. 당신이 전율하는 것도 이상한 일은 아니다. 재충전을 위한 수련회는 꽤 현명한 선택인 경우가 많다. 그러나 새로운 제품이나 사업 전략, 새로운 마케팅 캠페인, 또는 일반적으로 새로운 아이디어를 생각해 내는 일에 관해서는 대부분의 세미나나 수련회, 책, 코스들이 우리에게 빛을 밝혀주기 보다는 열을 받게 한다.

문제는 모두가 두려워하는 한 마디로 요약될 수 있다. 그것은 바로 '컨설턴트'이다.

컨설턴트들의 말을 조심하라

물론 경영인들이 고려해 봐야 할 중요한 통찰력과 외부적 관점 및 가치를 더해주는 컨설턴트들도 있다. (이봐요. 우리는 컨설턴트이지 그냥 장식품들이 아닙니다!) 그러나, (그리고 이 '그러나'는 매우 큰 '그러

나' 이다.) 컨설턴트들은 기이한 전문용어와 이보다 더 낯선 아이디어
들로 무장한 사기꾼이자 협잡꾼, 엉터리 약장수들인 경우도 많다.
루퍼트 머독이 정기적으로 받는 컨설팅에 대해 '매우 뻔한 말들'이
라고 평가하는 것도 놀라운 일은 아니다. 심지어 컨설턴트들의 컨설
턴트인 톰 피터스(Tom Peters)조차 기업들의 컨설턴트들에 대한 사
랑을 관리자들이 '나 같은 사람들에게 속는' 대표적 사례라고 솔직
하게 시인한 바 있다.

머독과 피터스에게 명백한 것이 미국 기업에서 일하는 대부분의
관리자들에게는 그렇지 않은 듯하다. 기술과 경쟁으로 인해 대부분
의 회사가 내부 자원을 슬림화 할 수밖에 없는 기업 환경에서 최고
의 외부 전문가를 찾으려는 욕구가 강화되고 있다.

『포춘Fortune』지는 "펜과 연단, 그리고 엄청난 뻔뻔스러움 외에
는 아무 것도 가진 것이 없는" 신흥 컨설턴트들에 대한 열광을 '얼간
이를 찾아서(In Search of Suckers)'라고 묘사한 바 있다.

소위 아이디어 산업보다 더 터무니없는 가격과 뻔뻔스러움이 팽
배해 있는 곳도 없다.

- 자칭 컨설팅의 대가라고 공언하는 한 컨설턴트는 기업 의뢰인
  들에게 '아이디어 큰 건' 하나에 1백만 달러까지 청구한다.
- 천억 달러 규모의 한 은행 CEO는 수백만 달러와 수천 시간에
  달하는 근무 시간을 새로운 회사 아이덴티티를 만들기 위한
  '비전 수립' 과정을 주도할 전문가에게 쏟아 부었다. 물론 그들
  은 새로운 아이덴티티를 얻었다. 그러나 비전 수립 과정과 비
  용 지불이 다 끝나고 나자 그 은행은 다른 은행에게 매각되었

고 그 CEO는 새로운 상관에 의해 강등되었다.

- 직원 교육만 놓고 보더라도 미국 기업은 매년 150억 달러를 지출한다. 여러분은 가장 빠르게 성장하는 사업 분야가 무엇인지 아는가? 바로 자기계발 분야이다. 이들은 아이디어 산업의 중요한 일부를 이룬다.

운명과의 데이트?

8,995달러(비행기 요금 제외)만 내면 자기 계발의 대가 토니 로빈스의 피지 휴양지에서 8일을 보낼 수 있다. 59명의 다른 참가자들과 함께 하는 이 프로그램을 토니 로빈스는 '운명과의 데이트'라고 부른다.

어떤 사람들은 토니 로빈스를 깊이 신뢰한다. 로빈스 프로그램의 한 졸업생은 이렇게 말한 바 있다. "만약 믿음이 없었다면 이런 데에다 돈을 쓰지 않았을 겁니다." 부동산 중개업자인 그는 운명과의 데이트에서 18미터 높이의 기둥을 기어서 올라가고 화염 속을 걸어서 지나갔다.

우리는 토니 로빈스에게 나쁜 감정이 전혀 없다. (어쨌든 그는 우리보다 훨씬 키도 크고 우리는 타고난 겁쟁이들일 뿐이니까.)

그러나 토니 로빈스의 사람들, 지그 지글러의 사람들, 프랜 타켄톤의 사람들, 팻 레일리의 사람들, 루 홀쯔의 사람들, 톰 피터스의 사람들, 그리고 그 외 모든 설득력 있는 이들의 사람들이 미국 기업에 새겨놓은 결과에는 문제가 있다고 본다.

구체적으로 그들은 강사가 이상하고 내용도 비합리적이며 컨셉이 터무니 없을수록 새롭고 성공적인 사업 아이디어를 생각해 낼 확률이 높아진다는 잘못된 관념을 사회에 도입시켰다. (아니, 그보다 더 나쁜 것은 이를 돈을 받고 팔았다는 것이다.)

바로 이 때문에 다음과 같은 일들이 만연해 있는 것이다.

- 보잉 사는 최고 간부들을 모아 회사에 대한 나쁜 경험을 종이에 모두 써 넣으라고 한 후 회사의 죽음과 부활이라는 의식(儀式)에서 그 종이들을 태우도록 한다.
- 허니웰(Honeywell) 사는 간부들을 뉴멕시코 사막으로 보내 인류 경험의 산실인 메디신 휠(Medicine Wheel)[1]을 포함해 아파치 및 나바호족의 전통을 연구해 오도록 한다.
- 조지타운 대학의 한 경영학과 교수는 학생들에게 대낮에 캠퍼스로 나가 목청껏 소리를 지르고 돌아오도록 시킨다. 학생들은 또한 자신이 마치 피자 한 조각이나 젤로(Jell-O) 한 컵이 된 것처럼 행동하거나 좀더 소심한 사람의 경우에는 개처럼 멍멍 짖어도 된다.

매니저들은 바보가 아니다. 결국 그들은 이러한 것들이 얼마나 허튼 수작들이었는지 깨닫게 된다. 가령 경영 컨설팅 사인 베인 앤 컴퍼니(Bain & Company)가 4,000명의 간부들을 대상으로 실시한 한

---

1 메디신 휠(Medicine Wheeel)은 바퀴 모양으로 되어있는 유적으로서 태양의 상징물로 받아들여진다. 북미 인디언들이 하늘을 관찰하는 장소로, 우리나라의 첨성대와 같은 곳이라고 생각하면 될 것이다. 하지 때 일출과 일몰을 가리키는 것도 있다고 한다.

조사에 따르면 무려 77퍼센트가 그들이 돈을 내고 찾아간 경영 수업들이 실제보다 허풍이 더 많았다고 말한다.

엉터리 컨설턴트들이 남긴 것

혹자는 아이디어 산업이 기업들에게 어떤 악영향을 미쳤냐고 물을 수도 있다.

악영향은 수없이 많다.

한 때의 '신경제(New Economy)'[2]는 결국 무솔리니보다 더 많은 죽음을 초래한 것으로 판명났으며 수백만 명의 투자자들을 경제적 공포에 떨게 한 기발하고 혁신적인 컨셉들의 잔해들로 더렵혀졌다.

- Pets.com은 모든 동물 애호가들의 바람에 대한 답변이었다. 이 인터넷 사이트에서는 애완견용 사료와 액세서리에서부터 애완견 자체까지 모든 것을 주문할 수 있기 때문이다. 창의력의 핵심으로서 그 회사는 강아지처럼 생긴 양말인형(sock

---

2 신경제(New Economy)란 정보통신 분야의 기술혁신을 통해 생산성을 지속적으로 증가시키는 경제를 뜻한다. 1991년 이후 113개월간의 장기호황을 설명하기 위해 〈비즈니스위크〉 지에서 만든 용어로, 높은 경제 성장은 인플레를 유발한다는 기존 경제 이론을 깨뜨리고 90년대 인플레 없이 장기호황을 누린 미국의 경제 모델에 붙인 이름이다. 즉 성장률과 주가는 높고 실업률 물가상승률 금리 등은 낮은 경제다. IT 기술의 비약적 발전으로 생산성이 계속 증가하면서 임금상승률 보다 생산성 증가율이 높아져, 인플레이션 없는 지속 성장의 기틀을 마련했다는 것. 그러나 2000년 이후 미국 경제가 하향세를 그리면서 신경제 거품론이 일기도 했다.

puppet)을 홍보 대사로 채택했다. 인터넷 애완동물 가게라는 컨셉은 미처 감지하지 못한 조그만 와일드카드 하나만 제외하면 매우 합리적인 것이었다. 그 와일드카드란 바로 경쟁이었다. 동네 애완동물 가게에서부터 대형 상가에 위치한 애완동물 가게, 그리고 인터넷에 있는 다른 애완동물 가게에 이르기까지 수많은 경쟁상대가 존재했다. 또한 20kg의 사료를 운반하는 데 드는 운송비 등 운영상의 부담도 무시할 수 없었다.

- Cyberianoutpost.com도 이와 비슷한 프로젝트로서 역시 높은 기대를 품고 시작되었다. 이 가게는 값싼 컴퓨터와 관련 장비를 인터넷에서 구매할 수 있게 했다. 이 얼마나 천재적인 발상인가! 그리고 그 회사는 상기의 인터넷 애완동물 가게보다 광고 면에서 훨씬 더 독창성을 보여 주었다. 구체적으로 말하자면 Cyberianoutpost.com의 TV 광고는 축구장에서 군악대 멤버들이 온통 쥐들에게 공격당하는 장면을 부각시켰다. 웹 컴퓨터 회사가 이 광고에 두는 의미는 각별했다. 그리고 그 각별함을 분명히 보여 주려는 듯 이 회사는 1분에 1백만 달러나 하는 슈퍼볼 시즌에 이 광고 메시지를 내보내기로 결정했다. 돈이 다 떨어지기까지는 그리 오래 걸리지 않았다.

- DrKoop.com은 저명한 외과의사 제너럴 C. 에버레트 쿱을 전면에 내세웠다. DrKoop.com의 기발함은 바로 어느 시간을 막론하고 인터넷을 통해 의학적 조언을 얻을 수 있다는 데 있었다. 이 아이디어를 생각해 낸 벤처 자본가들과 다양한 신세대 사업 귀재들은 쿱 의사의 인지도와 신용이 이 사이트로 수백만 명의 사람들과 수백만 달러의 스폰서들을 이끌게 될 것이라고

예상했다. 좋은 생각이다. 그러나 그들이 미처 고려하지 못한 것은 이와 유사하게 구성된 웹 사이트들이 도처에서 생겨나 그들보다 더 자세한 의학적 조언들을 제공할 수도 있다는 사실이었다. 여기에 환자의 특정한 질병에 대해 실제로 뭔가를 알 수도 있는 기존의 동네 진료소나 의사들이 제공하는 경쟁은 두말할 필요도 없다.

결국 Pets.com의 양말인형은 파산으로 쭈글쭈글 해졌고 Cyberianoutpost.com의 쥐들은 난파선을 버리고 떠났으며 심지어 쿱 의사도 자신의 스톡옵션을 현금으로 바꿔 도망쳤다.

혁신의 시대

컨설턴트들(혹은 적어도 그들의 일부)을 신뢰할 수 없다고 해서 그들 때문에 혁신이라는 보석을 버려도 된다는 뜻은 아니다. 당연히 우리는 혁신을 추구해야 한다.

우리가 사는 시대를 '정보의 시대'라고 부르는 것은 이제 흔한 일이 되었다. 그러나 그보다 '혁신의 시대'라는 말이 더 맞지 않을까?

매년 미국 특허청은 25만 개 이상의 특허 신청을 받는다. 그리고 총 특허 등록수는 매년 15퍼센트씩 꾸준히 증가해 왔다. 모든 특허가 신제품을 의미하지는 않는다 하더라도 꾸준히 증가하는 이 수치는 많은 회사가 어떤 메시지를 감지하고 있다는 사실을 말해준다.

그 메시지란 혁신하지 않으면 죽거나 적어도 쇠퇴한다는 것이다.

물론 회사를 침체기로부터 완벽하게 방어할 수 있는 방법은 없다. 그리고 2001년처럼 전체 경기가 하락할 경우 이 때 떨어지는 파도는 모든 보트를 뒤흔들 수밖에 없다.

그러나 제너럴 일렉트릭스나 텍사스 인스트루먼트, IBM 등과 같은 훌륭한 회사들은 지속적인 혁신이야말로 경기 침체 속에서도 그들의 자리를 지키게 해주고, 먹구름이 다 가셨을 때 더 나은 출발점을 제공해 줄 가능성이 크다는 사실을 잘 알고 있다.

수년 간 IBM은 신규 특허를 내는 데 있어 항상 1위를 차지했다. IBM은 이제 연간 약 3,000개의 신규 특허를 획득하고 있고 최근 그 숫자는 매년 50퍼센트씩 증가하고 있다.

신제품에 대한 IBM의 끊임없는 추구와 회사가 어려운 시기에도 주식시장에서 스타가 될 수 있는 성과 사이에는 어떤 연관 관계가 있음은 물론이다.

중국의 경우를 생각해 보자

혁신은 경제 활동에 박차를 가하고 생산성을 향상시킨다. 간단히 말해 혁신은 사람과 사회를 부양시키는 부를 창출해 낸다. 문명이 시작된 이래 이것은 변치 않는 사실이었다.

- 그리스인들은 많은 것들 가운데 운반, 제조, 배포를 위해 지레, 쐐기, 도르래, 전동 장치 등을 발명해 냈다.
- 중세 사회는 말굽과 박차를 개발했고 이것은 이동성, 전투력,

그리고 정복에 혁명을 가져왔다.

- 이슬람은 돌보다 쓰기가 훨씬 편한 종이를 만들어 냈고 이것은 커뮤니케이션을 가속화시켰다.
- 기술적인 면에서 결코 어떤 초기 문명들에도 뒤지지 않았던 중국인들은 수많은 혁신들 가운데 성냥, 우산, 칫솔 등을 발명해 냈다.

그러나 중국의 경우를 생각해 보자.

1400년 이전까지 중국인들은 말 그대로 지구상에서 가장 발달된 문명이었다. 콜럼버스가 이사벨 여왕의 눈에 들기 전에 중국인들은 이미 500명의 선원을 태운 거대한 '보물선'을 저 멀리 페르시안 만과 동아프리카까지 파견하고 있었다. 그들의 임무는 이 머나먼 땅의 천연자원을 탐험하고 답사하며 (대부분은) 약탈해 오는 것이었다.

중국이 항해술에서 거둔 발명과 혁신은 대단했다. 만약 이 추세를 계속 이어나갔다면 그들은 아마 가장 먼저 산업혁명을 일으키고 유럽을 정복하며 스타벅스를 만들어 냈을지도 모른다.

그러나 중국의 혁신은 계속되지 않았다. 그 흐름은 공공 복지(public welfare)에 초점을 맞추며 싹트기 시작한 관료주의에 가로막혀 곧 멈춰버렸다. 그들은 부가 아니라 벽을 쌓았다. 그리고 초기 중국의 팽창에 발맞추어 이루어지던 혁신적인 기술 경영은 희생되고 사라져 갔다.

이 옆에서 중국으로부터 혁신의 왕관을 기꺼이 넘겨받을 준비가 되어 있던 것은 서구문명이었다. 그리고 서구문명은 그 이래로 부를 창출하고 사회를 유지시키는 이 보석을 계속 지켜 오고 있다.

최근에 나를 위해 무엇을 했는가?

오늘날 소비자들은, 심지어 중국의 소비자들도 더 많고 더 나은 것을 지금 당장 원한다.

그 결과,

- 미국 경제 성장의 70퍼센트는 신제품 개발을 통해 이루어진다.
- 미국 기업들은 연구 개발비에 매년 2,500억 달러를 쓴다.
- 저작권 제품은 미국 경제에 4,000억 달러 이상 기여하고 있으며 미국의 가장 소중한 수출품이다.

회사가 성장하기 위해서는 반드시 새로운 제품과 서비스를 갖춰야 한다. 그리고 가장 최고의 인재들을 끌어들여야 한다. (대부분의 사람들은 '패자' 보다는 '승자' 를 위해 일하고자 한다.)

무엇보다 좋은 소식은 미국 기업이 매년 순수익의 8~16퍼센트를 신제품 및 개량품(better products)에 투자하고 있다는 것이다. 그러나 나쁜 소식은 이 신제품의 65퍼센트가 12개월 안에 무솔리니보다 더 쓸모없는 것이 된다는 것이다.

지속적인 혁신은 선두로 남기를 원하는 회사에게 끊임없는 과제이다.

다른 말로 하면, 즉각적인 만족과 거절의 시대, 24시간 쉬지 않고 퍼부어대는 미디어 홍수의 시대, 인터넷 쇼핑과 온라인 채팅의 시대, 그리고 모든 이가 휴대전화를 보유하는 시대에 살아남고자 하는 기업은 끊임없이 혁신을 추구해야 한다.

고장나지 않는다면 부숴라

IBM이나 인텔, GE, 또는 텍사스 인스트루먼트처럼 끊임없이 한계를 극복하고 기존의 관성에 도전하며 이미 잘 작동하고 있는 것들에 대해 계속해서 새롭고 혁신적인 해결책을 고안해 내는 회사들이 있는 반면, 젠체하고 거들먹거리며 거만한 회사들도 수없이 많다.

21세기에는 기업의 자만심이 그 무엇보다도 치명적인 것이다.

제록스의 비극적 사례는 이를 잘 보여 준다.

제록스(Xerox)라는 말은 '복사기 회사'를 지칭할 뿐 아니라 말 그대로 '복사하다'라는 말을 의미하게 되었다. 두 단어는 일종의 동의어가 된 것이다.

"이것 좀 제록스해 주시겠어요?"라는 말은 일반적인 요청이 되었다. "이 자료를 10부 제록스해서 내 책상 위에 놓아 두세요."

제록스는 시장을 완전히 장악했다. 다른 회사들은 그런 선두 위치를 차지하기 위해서라면 어떤 일이라도 할 것이다.

그러나 제록스는 이러한 인식에 대해 그다지 유쾌해 하지 않았다.

"제록스를 제록스로 제록스할 순 없습니다(You can't Xerox a Xerox on a Xerox.)." 회사는 광고를 통해 엄연히 상표 등록된 회사명인 제록스가 종이를 복사하는 행위를 일컫는 일반 동사와 혼동되어서는 안 된다는 점을 사람들에게 일깨우며 거만하게 훈계하기 시작했다.

제록스는 오랫동안 복사기 업계 최정상에 우뚝 서 있었다. 하지만 너무 오랫동안이었다는 사실이 드러났다. 세월이 흐르면서 자만심이 생긴 제록스는 더 이상 자신에게 도전하지 않았고 자신의 사업을 둘러싼 기본 가정들에 대해 질문하지 않았다.

그러다 때가 너무 늦어 버렸다.

몇 차례의 재창조 시도가 실패로 끝나고 나자 오늘날 제록스는 이전의 제록스가 아니었다. 대차대조표는 곤두박질 쳤고 새 경영진은 해체되었으며 가맹점과 신용도는 약화되어 갔다.

한 때는 거만하던 제록스 사도 이제는 생존을 위해 발버둥치지 않을 수 없게 되었다. 오늘날 "이것 한 장 제록스해 주시겠어요?"라는 말을 들을 수 있다면 그 회사가 못할 일이 과연 무엇일까?

이미 충분해!

이제 우리의 요점을 알아차렸을 것이다.

새로운 아이디어에 대한 영감을 보장하는 현대의 뮤즈들에게 많은 돈을 지불하는 것은 쓸데없는 짓일 경우가 많다.

좀더 가치 있는 목적을 위해 그 돈을 아껴두라.

그러나 새로운 아이디어를 위한 모색을 결코 포기하지 마라. 그것은 죽음을 자초하는 일이 될 것이다.

단지 수년 동안 같은 방식으로 일을 처리해 왔다거나 또는 단지 일을 잘 해서, 혹은 회사가 잘 돌아간다고 해서 새로운 서비스나 시스템, 또는 새로운 프로그램을 만들어 낼 필요가 없다는 생각은 단 1초라도 해서는 안 된다.

경제학자는 물론이고 리 아이아코카(Lee Iacocca)[3], 잭 웰치, 빌 게이츠를 비롯해 누구나 인정하는 바는 기업이 '영구적으로 운영될 수 있도록' 경영되어야 한다는 것이다.

이것은 영원을 뜻한다. 그래서 사람들은 어떤 회사의 제품을 구매하고 그 회사의 주식에 투자하며 직원으로서 합류하는 것이다.

그리고 계속 적절한 서비스와 합리적인 운영을 유지하고 회사가 생존하는 것을 보장하는 유일한 길은 새롭고 더 나은 아이디어들을 계속해서 만들어 내는 것이다.

슘페터를 찬양하며

"사업가가 망하는 이유는 예전 방식을 너무 좋아한 나머지 스스로를 변화시킬 수 없기 때문이다." 1922년 헨리 포드는 『내 인생과 일 My Life and Work』에서 이렇게 말한 바 있다.

루슨트, 제록스, CMGI, iVillage, eToys, Priceline.com.

아, 이 얼마나 불명예스러운 이름들인가?

21세기 들어 초기 몇 년 동안 있었던 그 모든 닷(dot) 폭탄들과 정리 해고, 파산, 부도, 주식 붕괴, 기업 사망의 파편들에서 새로운 노장 한 명이 영웅으로 부상했다. 그는 바로 1930년대의 오스트리아 경제학자 요셉 슘페터(Joseph Schumpeter)이다.

그는 자본주의가 갱신되는 것은 오직 낡고 경직된 회사들이 붕괴되고, 그럼으로써 신선한 아이디어와 창의적인 사고력을 갖춘 새롭

---

3 리 아이아코카(Lee Iacocca)는 기울어져 가는 크라이슬러(Chrysler)를 극적으로 회생시킨 크라이슬러의 전(前) 회장이다. 리 아이아코카 회장은 재임 전반기에 탁월한 업적을 창출하여 성공한 CEO로 부각되었다.

고 활기찬 회사들이 등장할 길을 내줄 때임을 나타내기 위해 '창조
적 파괴(creative destruction)'라는 용어를 만들어 냈다

그러니 선택은 파괴하는 자가 되던지 아니면 파괴되는 자가 되던
지 둘 중 하나이다.

후자를 피하고 전자가 되기 위해서는 영감과 상상력, 그리고 혁신
이 필요하다. 다시 말해 새로운 아이디어가 필요하다.

새로운 아이디어는 어떻게 생기는가? 다음 장부터 이 질문에 대해
본격적으로 이야기해 보자.

구하라 그러면 찾을 것이다

팝,

03

새로운 아이디어는 마치 나무에 걸린 다 익은 과일처럼 도처에 존재한다. 그러나 그것이 당신의 바구니 속으로 저절로 떨어져 주진 않는다. 바구니를 아이디어로 채우기 위해서는 약간의 노력을 기울여야 한다.

당신은 산에 올라가서 구슬과 깃털로 온몸을 감싼 후 짠~ 하고 완전한 형상을 갖춘 아이디어가 생각날 때까지 합창하며 기다릴 것인가? (그것은 신발 가죽을 낭비하는 일이기도 하다.)

요기의 지혜

"단지 보는 것만으로도 많은 것을 깨달을 수 있다."는 요기 베라 (Yogi Berra) 의 지혜를 따르는 것이 좋을 것이다.

간단한가? 물론 간단하다. 진부한가? 그럴지도 모른다. 그러나 우리들 중 무언가를 보려고 시간을 들이는 사람 또는 회사가 과연 얼마나 있을까?

우리 대부분의 사고방식의 문제점은 우리가 새로운 정보를 만들어 내는 데 있어 너무니 중요한 첫 단계인 인지(perception) 과정에 충분한 주의를 기울이지 않는다는 것이다. 우리는 항상 우리가 인지한 것을 처리하는 두 번째 단계로 성급히 달려간다.

다시 반복하여 말하지만, 가장 창조적이고 가장 혁신적인 아이디어는 바로 당신 눈앞에서 기다리고 있다.

관찰하고 살펴봄으로써 아이디어를 얻는 방식은 기본적으로 다음의 두 가지로 나눌 수 있다.

1. 우연히, 어쩌다가 운 좋게 찾아내는 방식. (여기서 핵심은 재현 가능한 어떤 방식으로 아이디어들을 수집하는 것이다.)
2. 직감적으로 존재한다는 것을 아는 해답을 체계적으로 찾아내는 방식. (여기서 핵심은 그 해답이 어디 있는지를 아는 것이다.)

달콤한 우연

세렌디피티(serendipity)는 우연히 행운의 발견을 하는 능력을 의

---

1 요기 베라는 전설적인 야구 선수이다. 본명은 로렌스 피터 베라로서 가난한 이탈리아 이민 1세의 네 아들 중 막내로 태어나 세인트루이스에서 자랐다. 중학교 2학년 때 중퇴, 여러 일을 하다가 1946년 뉴욕 양키스에 입단해서 전 선수 생활을 양키스에서 했다. 메이저리그 수많은 기록의 주인공이자 비교할 상대가 없는 전설적인 포수이다.

미한다. (페르시아의 동화, 〈세렌딥의 세 왕자The Three Princes of Serendip〉에 나오는 등장인물이 그 같은 발견을 하였고, 이 말이 영어권으로 넘어온 것이다.)

- 시리얼 업계의 거인 켈로그(Kellogg)의 CEO 카를로스 구티에레즈(Carlos Gutierrez)는 새로운 아이디어를 찾기 위해 여기저기를 돌아다닌다. 그는 대중문화에 대한 감을 유지하기 위해 『피플People』지를 읽고 자신의 10대 자녀들과 함께 신세대 음악그룹 매치박스 20(Matchbox 20)의 콘서트에 참석하며, 또한 열렬한 야구팬이기도 하다.

이 중 어느 하나라도 그의 식품업을 위한 새로운 아이디어를 보장해 주는가? 물론 아니다. 그러나 고객들이 살고 있는 곳을 직접 방문하는 것은 새로운 정보에 자신을 열어두고 어쩌면 새로운 아이디어에 우연히 부딪힐 수 있는 방법 중 하나이다.

- 스테이플즈(Staples)의 창립자 토머스 스템버그(Thomas Stemberg)는 맨 밑바닥에서 세계를 바라봐야 한다고 생각한다. 그는 자신의 매장을 마치 손님인 것처럼 가장하고 쇼핑한다. 가령 그는 "6534번 프린터 카트리지는 어디 있습니까?"와 같이 손님이 물어볼 법한 질문들을 던진다.

구티에레즈와 스템버그는 모두 한 전설적인 인물의 발자취를 따르고 있다고 할 수 있다. 1930년대 제너럴 모터스를 세계 제일의 기업으로 만든 알프레드 슬로앤(Alfred P. Sloan)은 전형적인 회장 개념을 거부하고 고객과 직접 만나 일하는 것을 좋아했다.

종종 슬로앤은 디트로이트 본사에서 사라진 후 다른 도시의 자동차 매장에서 나타나곤 했다. 그는 자신을 소개하고 자동차 딜러에게 며칠 동안 서비스 매니저 조수나 판매원으로 일하게 해달라고 부탁하곤 했다. (물론 딜러들은 언제나 허락했다.) 그 다음 주에 슬로앤은 디트로이트 본사로 돌아와 딜러에서부터 오토 스타일링에 이르기까지 모든 부분에 대한 소비자 행동과 선호를 기록한 메모들을 꺼내 놓는다.

시장의 진흙 바닥 밑에는 황금이 묻혀 있다. 경영적 사고(management thinking)의 최고 권위자인 피터 드러커(Peter Drucker)는 슬로앤이 현장에서 정기적으로 일함으로써 소비자 연구보다 더 많고 더 중요한 트렌드들을 더 일찍 목격할 수 있었다고 주장한다.

슬로앤은 관찰했고 자신이 본 것에 근거해 행동했다.

드라이브의 교훈

미국에서 가장 큰 부자로 생을 마감한 월마트의 설립자 샘 월튼(Sam Walton)은 월마트 트럭 운전수들과 함께 배달을 가곤 했다. 그는 동료들에게 그 일이 매우 재미있다고 말했다. 그러나 그런 드라이브로부터 그가 얼마나 많은 것을 배웠을지 한번 상상해 보라.

이 겸손한 '미스터 샘'은 참호에서 싸우고 있는 그의 병사들과 합류하는 것을 너무나 좋아했다. 한번은 한밤중에 뒤척이다가 침대에서 일어나 옷을 갈아입고 차를 몰고 나가 24시간 빵집에서 수십 개의 도넛을 샀다. 그리고 그것을 자신의 매장 중 한 곳의 물류 창고로 가져가서 밤새 직원들과 얘기를 나눈 적도 있다. 그곳에 있는 동안 그는 자신의 직원들이 더 많은 샤워기가 필요하다는 것을 알게 되었고 다음날 아침 직접 그 일을 처리했다. 이것은 약 250억 달러의 매출을 올리던 당시에 일어난 이야기다.

병사들의 협조을 얻어내는 방법

마이클 아브라쇼프(Michael Abrashoff)는 태평양 함대의 해군함인 유에스에스 벤폴드(USS Benfold)의 지휘관이다. 이 군함의 지휘를 맡기 전 그는 미 국방성에서 사무직을 보고 있었다. 일단 벤폴드에 승선하고 나자 그는 리더십에 관한 자신의 생각을 모든 병사들에게 가져가고자 했다. 아니 그보다는, 모든 병사들이 그에게로 오게 했다는 말이 더 정확한 표현일 것이다. 그는 군 명부에 등록된 모든 병사들을 자신의 방으로 불러들여 이런 질문들을 던졌다. "벤폴드에서 맘에 드는 점이 무엇인가? 벤폴드에서 맘에 들지 않는 점은 무엇인가? 어떤 점을 바꾸고 싶은가?"

그 결과, 병사들의 제안 덕분에 1백만 달러 이상을 절약할 수 있었을 뿐 아니라 해군 전체에서 가장 사기가 좋은 부대 중 하나가 되었고 태평양 함대에서 가장 우수한 군함으로 상을 받기도 하였다. 이 모든 것은 만약 아브라쇼프 지휘관이 갑판 아래로 내려가 직접 눈으로 보거나 귀 기울여 듣지 않았다면 세상의 빛을 보지 못했을 아이디어들에 바탕을 둔 것이었다.

당신도 저 아래로 내려가 당신의 병사들과 함께 시간을 보내고 있는가?

찾기 시작하자

그러니 당신도 허먼 밀러(Herman Miller) 사의 에어론 의자에서 일어나 세상 밖을 걸어다녀 보라.

- 당신은 월마트의 통로를 돌아다니며 고객의 니즈에 월마트가 보이는 거의 강박적인 수준의 주의에 대해 생각해 본다. 곧 당신은 나이든 쇼핑객이 돋보기가 없어도 읽을 수 있을 만큼 글씨가 큰 가격표를 바라보고 있는 것을 목격하게 될 것이다. (그다지 중요하지 않은 세부 사항일까? 당신의 회사가 생산하는 모든 종이 위의 글씨들은 과연 얼마나 읽기 쉽게 되어 있는가?)
- 당신은 한 렌터카 회사가 자신의 설립 기념일을 축하하기 위해 하루 동안 가격을 저 먼 옛날 수준으로 낮추고 그 과정에서 많은 홍보 효과를 얻는 것을 발견한다. (당신의 회사도 설립 기념일이 곧 다가오는가?)
- 당신은 합병 5주년을 기념하려고 하는 두 병원을 관찰한다. 긴 연설과 자화자찬식의 축사 대신 그들은 이 마을의 모든 5살배기 아이들을 위해 큰 야외 생일파티를 열기로 한다. TV 뉴스 차량이 흥겹게 뛰노는 아이들을 찍기 위해 몰려든다. 병원은

기네스북 기록에 오를 만큼 거대한 숫자 5 모양의 케이크를 꺼내온다. 이 병원의 경쟁사는 거의 기절하려고 한다. 어쨌거나 이 아이들 중 많은 수가 자신의 병원에서 태어났기 때문이다. (당신의 회사는 왜 항상 고리타분한 방식으로 기념식을 치르는가?)

아이디어들을 모아둬라

당신이 아이디어를 찾으러 돌아다니는 동안 무언가 좋은 생각이 떠오른 적이 있는가?

- 아인슈타인은 자신의 생각을 글로 적어 두었다.
- 에디슨은 자신의 아이디어를 자세하게 스케치했다.
- 레오나르도 다빈치는 그의 영감을 공책에 빼곡히 채워 넣었다.
- 기 까롱(Guy Caron)은 몬트리올에 있는 국립서커스학교의 창립자로서 그 유명한 태양의 서커스(Cirque du Soleil)의 예술 감독이다. 자신의 아방가르드적인 공연의 영감을 얻기 위해 그는 만화에서 마그리트의 회화에 이르기까지 다양한 클립과 사진, 이미지들로 끊임없이 공책을 채워 넣는다. 그런 다음 그의 아이디어를 실현시켜 줄 사람들에게 이 자료들을 가져간다. 한 공연의 음악을 위해 그는 자신이 수집한 1,500장이 넘는 CD에 있는 노래들을 메모해 둔다. 그 결과 최근 드랄리온(Dralion, 드래곤과 라이온의 합성어)이라는 공연은 안달루시아, 아프리카, 중앙 유럽, 그리고 서구에서 가져온 소리들의 향연이 되었다.

여기서 요점은, 이렇게 창의적인 사람들도 모두 자신의 아이디어를 모아 두었다는 것이다. 여러분도 이들과 똑같이 해야 한다. 일기나 클리핑 서류철, 컴퓨터 등에 우연히 마주치는 멋진 생각들을 모아 두기 시작하라.

한밤중에 멋진 생각이 떠올랐다가 아침 7시쯤 되자 그 생각이 이미 아련한 추억으로 사라져 버린 경험이 있는가? 침대 옆에 메모장을 놓아 두고 차 안에는 음성 녹음기를 비치해 둬라.

프랜시스 베이컨은 이렇게 말한 바 있다. "우연히 찾아온 생각들이야말로 보통 가장 소중한 것들로서 안전하게 보호되어야 한다. 왜냐하면 그것들이 되돌아오는 경우는 흔치 않기 때문이다."

어떤 이들은 목욕이나 샤워를 하고 있을 때 가장 좋은 아이디어가 생각난다고 말하기도 한다. (걱정하지 마라. 방수용 연필과 필기도구들도 있다.)

기억력은 우리가 전원을 켜면 정보를 저장해 두는 녹음테이프가 아니다. 눈으로 보는 것은 사진으로 찍어 두는 것만 못하다. 사진은 세상을 훨씬 뚜렷한 이미지로 기록해 두기 때문이다.

그러니 글로 적어 놓아라. 또는 노트북 컴퓨터에 저장해라. 좌우간 당신의 아이디어를 어딘가에 보관해 두라. 그리고 절대 기억력에 의존하지 마라.

기억 전문가들은 우리가 배웠다고 생각하는 것의 80퍼센트를 24시간 이내에 잊어버린다고 말한다. (나중에 잊어버리는 분들을 위해 이 통계 수치들을 다음 장에서 반복하도록 하겠다.)

사시사철형 매니저

비행기에서 그동안 밀렸던 독서를 하기 위해 신문이나 업계 전문지, 일반 잡지 등을 읽는다고 해 보자. 이들 어딘가에서, 가령 즐겨 보지 않던 어떤 경영 잡지에서 당신은 뉴욕 양키즈의 매니저 조 토리(Joe Torre)에 관한 기사를 발견하게 된다.

그 기사가 당신의 시선을 *끄*는 이유는 첫째 당신이 야구팬이기 때문이고 둘째 조 토리가 오늘날 경영 관리자들의 모범을 제공한다는 필자의 주장에 호기심을 느꼈기 때문이다. 조 토리는 자신의 선수들로부터 최고의 역량을 이끌어 내고 까다로운 상관을 만족시키며 수많은 승리를 이끌어 낸다. 기사를 읽어나갈수록 당신은 조 토리의 경영 원칙들에 흥미를 느낀다.

- 팀의 사기를 북돋기 위한 추상적인 연설은 집어치운다. (대신 그는 개별 선수들과의 일대일 대화 시간을 많이 갖는다.)
- 모든 이에게 그들의 중요성을 상기시킨다. (그는 무능한 선수들조차 자신이 쓸모 있는 사람이라 느끼도록 만든다.)
- 실패를 벌주지 않는다. (그는 슬럼프에 빠진 선수들에 대해서도 민믿음을 유지한다. 그러면서 아주 눈부신 팀의 성적으로 인해 실패도 관용되는 긍정적인 역설을 만들어 낸다.)

이제 당신은 이 아이디어들을 실제에 적용시킬 수 있는 많은 가능성들을 발견하며 기분이 한껏 고양된다. 이번에 새로 부임하는 사업부 CEO를 위해 당신이 써야 하는 연설문부터 적용할 수 있을 것이다. 이 CEO는 회사를 완전히 새로운 방식으로 운영할 것이라고 장담한 바 있다.

당신에게 필요한 건 조 토리로부터 몇 가지 중요한 아이디어들만 기억하면 되는 것이다. 그 정도야 충분히 할 수 있지 않은가?

그러나 아마도 실제는 이럴 것이다. 지금 즉시 이 기사를 표시해 두지 않으면, 당장 메모해 두지 않으면, 지금 당장 연설문을 위한 서류철에 이 기사를 넣어 두지 않으면, 이 모든 것은 당신이 다음 기사로 넘어가기 전에 이미 물거품이 되어 있을 것이다.

초두성과 최신성

간단한 연습 하나면 우리가 말하고자 하는 핵심이 드러난다. 다음의 단어들을 딱 한번만 읽어 보기 바란다. 너무 자세히 보지는 마라. 그냥 순서대로 하나씩 속으로 읽는다. 그런 다음 책을 덮고 순서에 상관없이 생각나는 대로 최대한 많은 단어를 적어 보기 바란다.

지문, 피스톤, 페니스, 젤리, 정지 신호등, 잔디 깎는 기계, 비단, 꿈, 샴페인, 꽃, 눈가리개, 웅덩이, 테러리스트, 우편함, 샴푸, 찻잔, 청바지, 펭귄, 연립 주택, 복권, 하늘

단어가 7개 이상이기 때문에 아마 당신은 모든 단어를 기억해낼 수는 없을 것이다. (60년 전, 하버드의 심리학자 조지 밀러George Miller는 인간의 단기 기억이 보통 7개의 정보 조각만을 보유할 수 있다는 사실을

발견한 바 있다. 가령 같은 제품군에 속하는 일곱 개의 브랜드나 전화번호를 이루는 7개의 숫자 등이 그런 예이다.) 그러나 어쨌든 당신은 몇 개의 단어들을 기억해 낼 것이다. 그리고 여기에는 초두성(primacy)과 최신성(recency)의 효과가 작용한다. 즉, 당신은 목록의 처음 부분과 마지막 부분에 있는 단어들을 기억해낼 확률이 더 높은 것이다.

초두성 효과의 원인은 당신이 처음 시작할 때는 깨끗한 마음 상태를 가지고 있기 때문이다. 반면 최신성의 효과가 일어나는 원인은 목록 마지막 부분에 있는 단어들은 중간에 있는 단어들보다 회상 시간까지 간섭을 적게 받기 때문이다.

- 대학 강의 시간에서 학생들은 수업의 처음과 마지막 부분에 제시된 내용을 가장 잘 기억하는 반면 중간에 제시된 내용에 대해서는 기억력이 급격히 감소한다.
- 만약 회의에서 사람들에게 꼭 기억하게 할 어떤 주장을 하고 싶다면 회의 시간 앞이나 뒷부분에 말하도록 하라.

조 토리의 흥미로운 기사 이야기로 다시 돌아가 보자. 만약 당신이 이제 막 비행기를 타고 자리를 잡은 직후나 또는 비행기가 착륙지에 도착하는 순간에 그 기사를 읽은 것이 아니라면 당신은 그 기사의 핵심 내용을 기억하는 데 어려움을 겪을 수도 있다. (심지어 그 기사가 어느 잡지에 있었는지조차 기억하기 어려울지 모른다!)

바로 이 때문에 유능한 사람들은 자신의 아이디어를 모아 놓는 것이다.

구하라 그러면 찾을 것이다

언젠가 우리는 병원 관리자들과 만나 어떤 곳에 새로운 아이디어가 필요한지 물어본 적이 있다.

그들은 새로운 제품이나 서비스에 대해서는 별다른 언급이 없었다. 그들이 원한 것은 병원의 운영과 사람에 관한 문제였다.

- 어떻게 하면 우리의 서비스 지역 외부에 거주하는 사람들에게도 의료 서비스를 제공할 수 있을까?
- 어떻게 하면 우리 지역에 더 많은 가정의(family practice doctors)를 데려올 수 있을까?
- 어떻게 하면 사기를 떨어뜨리지 않으면서 직원 수를 줄일 수 있을까?
- 어떻게 하면 CEO와의 타운 미팅(town meeting)에 직원들의 참석률을 높일 수 있을까?
- 어떻게 하면 의사와 약사가 서로 더 많은 시간을 함께 보내도록 할 수 있을까?
- 어떻게 하면 더 공평한 주말 업무 교대 일정을 우리 병원에 도입할 수 있을까?

이에 대한 답변을 찾고 싶은가? 당신은 해답을 찾아낼 수 있다! 아마 누군가 당신이 지금 찾고 있는 것을 이미 찾아본 적이 있을 것이다. 이 점을 입증해 보이기 위해, 다른 사람들이 이미 효과를 봤던 것을 이 의료진들이 찾아낼 수 있도록 도와 주자.

서비스 지역에 관한 문제

병원 관리자들이 내놓은 위의 목록 중 첫 번째 문제를 예로 사용하도록 하겠다. 어떻게 하면 우리의 서비스 지역 외부에 거주하는 사람들에게도 의료 서비스를 제공할 수 있을까?

우선 이 분야의 정보를 일목요연하게 정리해 주는 조사 전문지에 문의해 보도록 한다. (모든 분야는 리더스 다이제스트처럼 기존의 자료를 요약해 놓는 데이터베이스나 출판물을 가지고 있다.)

병원 경영 분야에는 〈COR Healthcare Resources〉가 있다. 그것은 매달 수천 개의 글들을 조사해 의료 서비스 경영법에 관한 뉴스레터를 발행한다.

그들의 보관 문서들에서 미국에 있는 5,000개의 병원들 중 이 문제에 대응한 병원들의 사례를 찾아낼 수 있을 것이다. 그리하여 당신은 곧 〈켄터키 동부 외곽 지역 주민들을 위한 의료 사업의 중요성〉이란 제목의 논문을 찾아낼 수 있을 것이다. 이제 당신의 할 일은 그것을 빌려와 당신의 상황에 맞게 변형하는 것이다.

인터넷 정보

아이디어를 찾아 내는 데 있어 가장 강력한 도구는 바로 인터넷이다. 당신은 손끝 하나를 움직이는 것만으로 어마어마한 정보의 집합을 만날 수 있다. 이것이 인터넷의 강점이다.

반면 인터넷의 단점은 그것이 아무런 여과 장치나 편집자, 또는 정확성에 대한 요구도 거치지 않은 믿을 수 없는 정보의 바다라는 것이다. 인터넷에서는 15살짜리 학생이 마치 잘 나가는 변호사처럼 행세하는 것이 충분히 가능하다.

그러나 우리의 병원 관리자들에 대해 가능한 호의적으로 접근해 보도록 하자. 먼저 그들이 다양한 검색 엔진과 포털을 편안하게 사용할 만큼 컴퓨터에 익숙한 사람들이라고 가정하자. 그들은 또한 가치 있는 정보와 그렇지 않은 것을 구분할 만큼 충분히 숙련된 사람들이다.

성실히 인터넷을 검색한다면 커뮤니티 아웃리치에 관한 다양한 아이디어들을 얻을 수 있을 것이다. 그 중 하나는 펜실베이니아에 있는 세인트 룩스 병원(St. Luke's Hospital)의 아이디어로서 병원에 올 수 없거나 오지 않으려는 주민들에게 예방 의료 서비스를 제공하도록 고안된 이동용 의료 차량이다. 당신의 머리는 갑자기 세인트 룩스가 개발한 의료 차량의 운영으로부터 얻은 좋은 아이디어들이 넘치기 시작한다.

- 의료 차량에서 제공하기에 가장 바람직한 서비스 (천식 검사, 출산 및 육아 관련 프로그램, 에이즈 예방, 영양 등)
- 이동 차량의 운영을 위한 기금 마련 및 예산 수립
- 운전기사 선발 및 훈련
- 11m 길이의 차량에 사용할 간판 마련
- 마을 이동 노선 및 일정 잡기
- 의료 전시회와 기타 지역 공동체 행사와 연계하기
- 언론 홍보 활용하기

보다시피 이것은 바퀴를 새로 발명해 내는 일이 아니다. 이렇게 하여 당신은 마을 주민들에게 다가갈 한 가지 좋은 방법을 꽤 깊이 있게 성찰할 수 있었다.

이렇게 하는 데 어마어마한 창조성이 필요했는가? 또는 천지가 개벽할 새로운 개념이 요구되었는가? 아니면 단순히 지금 당장 실전에 사용할 수 있는 강력하고 실용적인 청사진을 마련하는 과정이었는가? 판단은 당신에게 달려 있다.

어떤 정보든 구할 수 있다

거의 모든 것에 대한 정보가 이미 존재하고 있다.

당신이 최첨단 디자인 회사에 근무한다고 가정해 보자. 당신의 임무는 새로운 음료수를 담을 병의 형태를 디자인하는 것이다. 당신은 방금 최신형 디자인 프로그램을 당신의 파워 맥 G4 컴퓨터에 깔아 놓았다. 이를 통해 1초에 무려 30억번의 연산을 할수 있는 컴퓨터 능력을 갖추게 되었다. 이런 속도라면 당신은 사장이 무언가를 주문하기도 전에 수억 개의 디자인 컨셉을 만들어 낼 수 있을 것이다.

그러나 잠깐만 멈춰 보자. 먼저 그 컴퓨터로 인터넷 검색을 해보는 것은 어떨까? 당신은 과학자들이 병에 대해 인체공학적으로 매우 자세하게 연구했다는 사실을 금방 알게 될 것이다. 또한 행동주의자들은 사람들이 음료수를 마시는 모습을 비디오로 촬영하고 그 손을 석고로 만들어 놓았으며, 심지어 어떤 연구자들은 목 넘김이 크다고 할 때 그것이 실제로 얼마의 양을 의미하는 건지(6.44온스) 알고 있다는 것도 발견하게 될 것이다.

이 모든 지혜들은 당신을 좀더 매끄럽고 곡선이 아름다운 새 디자인으로 이끌어줄 것이다. (게토레이는 좀더 큰 모래시계 모양의 플라스틱 병을 도입한 후 일부 지역의 매출이 25퍼센트나 치솟았다.)

찾으려고만 한다면 뭐든 얼마든지 있다.

정보 전문가

회사에서 당신은 아마 정보 전문가이기보다는 의사결정자일 것이다. 그러니 당신이 (또는 조수나 비서가) 15분 동안 실시한 온라인 검색에서 멋진 답을 발견해 내지 못한다면 검색을 중단하도록 하라.

도서관 사서나 프리랜서 전문 연구원, 또는 정보 처리 회사에게 일을 맡기는 편이 더 낫기 때문이다.

- 공공 도서관에서 질문하는 것을 절대 망설이지 마라. 전문 사서들은 그 질문에 대답하기 위해 고용된 것이다. 이것이 그들의 일이다. 당신의 질문에 대답할 수 없더라도 그들은 누가 당신에게 대답해 줄 수 있을지 알려 줄 것이다.
- 수백 개의 도서관들이 경영을 비롯해 다양한 특정 주제들을 전문으로 다룬다. 공공 도서관이든 학교 도서관이든 참고 도서관 사서들은 그들이 담당하는 백과사전 및 일람표, 그리고 디렉토리 섹션을 안내해 줄 것이다.
- 틈새시장을 노린 출판물과 단체들은 거의 모든 영역 및 주제에서

아주 멋진 정보 출처가 된다. 수천 개의 출판물을 다루는 훌륭한 디렉토리가 몇 개 나와 있다. 그리고 그들 대부분의 제목은 'MediaFinder.com'에서 무료로 찾아볼 수 있다. 한편 단체 및 회사를 위한 세 가지 유용한 출처로 〈AssociationCentral.com〉, 〈Encyclopedia of Associations〉, 〈the National Directory of Trade and Professional Organization〉이 있다.

- 당신이 만약 회사에서 일하고 있다면 보통 정보가 집중되는 부서가 있기 마련이다. 가령 기업 커뮤니케이션 부서나 홍보부, 마케팅 커뮤니케이션, 투자자 관리 부서(Investor relations), 또는 회사 도서관 등이 그런 곳들이다.

- 또 정보 전문가들로 구성된 회사들도 있다. 이들은 해답을 찾아내는 것을 업으로 삼는다. 어떤 이는 가령 의약 분야처럼 한 가지 분야를 전문적으로 다루는 경우도 있고, 어떤 이는 여러 분야를 전반적으로 다루기도 한다. 이 사람들은 시간이나 프로젝트, 또는 월별로 요금을 부과한다. 정보 전문가의 목록은 정보 중개인 디렉토리에서 발견할 수 있다.

원재료

엔챈트먼트 리조트(Enchantment Resort)는 애리조나에 있는 초호화 뉴에이지 관광지로서 『여행과 레저Travel & Leisure』에 따르면 미국 15대 리조트 안에 든다. 이 리조트는 별도의 호화 스파 건물을 짓고 난 후 스파의 이름을 주변의 계곡에 고대의 주거 형태를 남기고 있는 미국 인디언들을 기리며 짓기로 했다. 리조트는 아파치(Apache)와 야바파이(Yavapai) 족의 신화 및 사전을 조사한 후 Mii Amo라는 이름을 만들어냈다. 그 뜻은 '전진(forward movement)'이었다. (구하라 그러면 찾을 것이다.)

수천 수억 기가바이트의 정보로 뒤덮인 세상인 만큼 만일 해답이 존재한다면 그건 항상 당신이 물어봤기 때문에 얻은 댓가인만큼 당신의 것이라고 생각하라.

- 사장이 당신을 불러 경쟁자였던 Throckmorton Sprockets와 앞으로 있을지 모를 공동 작업에 대비해 특별 프로젝트 팀의 팀장을 맡으라고 한다. 일주일 전만 해도 당신은 공동 작업의 '공' 자도 모르는 사람이었다. 당신은 궁금해 한다. '성공적인 공동 작업과 그렇지 않은 공동 작업은 무엇이 다른가? 그리고 나는 도대체 어디서 이걸 알아 낼 수 있을까?' 걱정할 필요 없다. 80년 역사의 한 연구 기관은 말 그대로 공동 작업에 관해 공동으로 핸드북을 펴 낸 바 있다. (추신: 성공적인 공동 작업에는 19개의 요인이 영향을 미친다.)

- 당신은 지중해산 허브와 향료가 넘쳐나는 새로운 샐러드드레싱의 브랜드 매니저이다. 당신은 새로운 이름이 필요하다. 당신은 크래프트(Kraft)의 그 유명한 카탈리나(Catalina) 브랜드를 생각하다가 카탈리나 섬을 생각해 내고 그러다가 '어쩌면 우리도 지중해의 섬 이름을 사용할 수 있지 않을까, 섬만 해도 몇 백 개는 될 텐데. 그런데 어디서 알 수 있을까?' 하고 궁금해 한다. 걱정하지 않아도 된다. 지도책에서 목록을 찾을 수 있기 때

문이다. 인터넷에는 더 긴 목록이 있다.

- 당신은 샌 버나디노 카운티에서 큰 회사를 가지고 있다. 이 지역은 캘리포니아 주 전체(29퍼센트)보다 더 높은 비율의 히스패닉 주민 수(33퍼센트)를 가지고 있다. 문제는 당신의 회사가 히스패닉 공동체에 폐쇄적이고 비우호적이라 여겨진다는 것이다. '다른 회사들은 이 현상에 대해 어떻게 대처해 왔을까?' 당신은 궁금해진다. 이에 대한 정보가 필요한가? 문제없다.

잘 익은 과일을 어디서 어떻게 찾아냈는가는 중요하지 않다. 중요한 것은 이제 당신의 바구니 속에 과일이 들어 있고 당신의 머릿속에는 아이디어가 넘쳐난다는 것이다. 목표는 여전히 똑같다. 당신은 문제를 해결하거나 내일의 성공에 보탬이 될 무언가를 원한다. 이제 과일을 얻었으니, 당신은 혁신의 칵테일을 만들 준비가 되었다.

토머스 에디슨은 옳았다

언야,

04

미국인들이 너무나 좋아하는 한 가지가 있다면 그것은 바로 냉동 디저트, 즉 아이스크림이다. 미국의 아이스크림 소비량은 매년 꾸준히 증가하여 2000년에는 16억 갤런을 돌파했다.

그러나 하겐다즈 사람들은 근심에 휩싸였다. 그들은 프리미엄 시장에서 충분한 매출을 올리지 못하고 있었던 것이다. 어떻게 할 것인가? 그 기업은 새로운 맛의 아이스크림을 개발하여 매출을 촉진하기로 결정했다.

그렇다면 그 맛있는 새 아이스크림 맛은 어떻게 만들어 낼 것인가?

전통적인 방식을 따르자면 마케팅 팀은 따뜻한 기후 지역으로 가서 기획을 위한 수련회라도 가져야 할 것이다. 이 수련회에서 그들은 아이스크림에 관한 지식을 열심히 뒤져 보며 서로에게 다음과 같은 흥미로운 질문을 던질 것이다. "만약 내가 크레파스 상자에서 선홍색 크레파스라면, 어떤 맛이 날까?"

그런 다음 그들은 방 하나를 가득 채울 만큼 많은 수의 요리사들을 고용해 이국적인 맛을 만들어 내도록 할 것이다. 또 그 다음에는 전국의 소비자들을 대상으로 수천 번의 시식회를 열 것이다.

즉, 여기에는 12개월의 시간과 수십만 달러의 비용이 투자되는 반면 결과는 장담할 수 없다.

이와 달리 하겐다즈는 간단한 질문을 하나 던져볼 수도 있다. "미국이 아닌 해외 시장에서 가장 잘 팔리는 맛은 무엇일까?" 이에 대한 답은 부에노스아이레스에서 왔다. 설탕과 우유에 카라멜을 혼합하여 선풍적인 인기를 누리고 있는 이 아이스크림의 이름은 둘체 데 레체(Dulch de Leche)였다. 하겐다즈는 이 맛을 미국으로 가져왔다. 그리고 이제 미국에서 그것보다 더 잘 팔리는 맛은 바닐라뿐이다. 둘체 데 레체는 매달 1백만 달러의 수익을 올리고 있다.

다른 사람의 아이디어를 보여 달라

하겐다즈가 배운 것을 여러분들도 배우기 바란다. 당신이 뛰어난 아이디어맨이라면 가장 좋은 아이디어는 빌려온 아이디어임을 깨닫게 될 것이다.

이것은 가장 간단할 뿐 아니라 가장 좋은 문제 해결 방법이기도 하다.

토머스 에디슨은 다음과 같이 말한 바 있다.

다른 이가 성공적으로 사용했던 참신하고 흥미로운 아이디어를 찾아

보는 습관을 들여라. 당신의 아이디어는 당신이 현재 부딪히고 있는 문제에 맞게 그것을 변형시킬 때에만 독창적이면 된다.

차용 행위를 축복해 주셔서 감사합니다. 선생님!

차용은 예의를 지킨 말일 뿐이다. 우리가 진짜로 이야기하고 있는 것은 기존의 아이디어를 모방하고 도용하며 빨아들이는 행위이자 기본적으로 '훔치는' 것에 대한 것이다.

뭐 어떤가? 그냥 에디슨의 위대한 지침을 잘 따르면 당신은 안전 지대에 있게 된다. 천재성은 다른 이의 문제 해결 방법을 당신의 문제에 맞게 잘 변형하는 것에 있다. 다음의 예들을 살펴보자.

• 전쟁 분야 : 미국의 독립 전쟁 기간 동안, 민병들이 거둔 최초의 주요 승리는 이전에 프랑스 정착민과 인디언 사이에서 일어난 전쟁에서 인디언들이 사용했던 전략을 변형함으로써 얻어졌다. 민병들은 한 무리로 모여 있는 영국 부대를 향해 돌담과 나무 뒤에 숨어서 습격하기로 했다. (오늘날 우리는 이것을 게릴라 전법이라 부른다.) 1770년대에는 백인들이 이 인디언의 전술을 사용하는 것이 매우 급진적인 일탈을 의미했다. 그 당시 유럽의 스타일은 정면 일제 사격이었다. 즉 서로 마주보고 일렬로 서서 그냥 사격해 대는 것이다. 표준적인 싸움 규칙에서 이렇게 벗어나는 것은 영국인들에게 사악하고 비열한 짓을 의미했다. 그러나 인디언들의 전법을 변형함으로써 미국인들은 전쟁 초반에 유리한 위치를 선점할 수 있었다.

- 커뮤니케이션 분야 : 새뮤얼 모스(Samuel Morse)는 어떻게 하면 미국 동부 해안에서 서부 해안으로 전송할 만큼 강력한 전신 신호(telegraphic signal)를 만들어 낼 수 있을까 궁리하고 있었다. 어느 날 그는 역마소에서 지친 말을 새로운 말로 바꿔 주는 것을 보고 이를 전신 신호에 정기적으로 전력을 공급해 주는 것으로 응용했다.

- 의학 분야 : 르네 라에네크(Rene Laennec)라는 의사는 환자들을 좀더 잘 진찰할 수 있는 방법을 찾고 있었다. 그는 텅 빈 통나무의 양쪽 끝을 두드림으로써 서로에게 신호를 보내는 아이들로부터 영감을 얻고 청진기를 발명했다.

- 당신의 회사 : 하겐다즈는 자신의 남반구 지사로부터 아이디어를 훔쳐 왔다. 이것이 범죄 행위일까? 3M 캐나다 지사의 시장 개발부 책임자는 도서관 이용자들이 사서의 도움 없이 스스로 책을 대여하는 시스템에 대한 시장이 존재함을 파악했다. 이에 대한 모델을 개발하려고 할 때 그는 (도서관 연합 모임에서) 3M 호주 지사가 이와 비슷한 제품에 매달려 작업해 오고 있다는 사실을 알게 되었다. 곧 인력과 예산이 하나로 통합되었다. 오늘날 셀프대여 시스템인 셀프체크(SelfCheck)는 3M 도서관 시스템의 주요 상품 중 하나이다.

- 같은 산업 분야 : 마이클 올리어리(Michael O' Leary)는 10년 전 사우스웨스트 항공사의 무서비스(no-frills) 모델에 근거해 재건

한 유럽 지역 항공사 라이언에어(Ryanair)의 CEO이다. 그가
차용한 아이디어가 이륙을 했을까? 라이언에어는 이제 아일랜
드, 프랑스, 독일, 이탈리아, 덴마크, 노르웨이, 스웨덴 등 55개
지역으로 비행한다. 2001년 매출액이 4억 2천 7백만 달러였고
순수익은 9천 1백만 달러에 달했다. 그 회사는 유럽에서 유일
하게 잘 나가는 항공사이기도 하다.

유명한 차용자들은 도처에 있다

포착하기 어렵고 획기적인 아이디어는 말 그대로 포착하기 어렵
다. 가장 좋은 아이디어는 빌려 온 아이디어다. 당신이 만약 뛰어난
아이디어맨이라면 곧 수많은 유명한 차용자들과 같은 무리에 있는
자신을 발견하게 될 것이다.

데일 카네기(Dale Carnegie)는 이렇게 말한 바 있다.

내가 표상하는 아이디어들은 내 것이 아니다. 나는 그것들을 소크라
테스로부터 빌려 왔다. 또한 체스터필드(Chesterfield)[1]와 예수로부터
훔쳐왔다. 그런 후 나는 그것들을 책으로 엮어 냈다. 그들의 아이디어
가 맘에 들지 않는다면 당신은 누구의 아이디어를 사용하고 싶은가?

---

1 필립 체스터필드는 18세기 영국 최대의 교양인이며 정치가로서 케임브리지 대학에서 공부한 후, 젊은
 나이에 국회의원에 선출되어 폭넓은 지식과 뛰어난 웅변으로 당시 정계를 주름잡았다. 그는 또한 세
 계적 베스트셀러 〈아들에게 보내는 편지Letters To His Son〉(1774)를 비롯하여 다양한 저서를 집필한
 문필가이기도 하다.

카네기처럼, 레오폴도 페르난데츠 푸잘스(Leopoldo Fernandez Pujals)도 다른 이들의 아이디어를 좋아했다. 그가 좋아한 것은 바로 도미노 피자의 가정 배달 아이디어였다. 이 쿠바계 미국인 마케터는 여성들이 점점 직업 전선에 뛰어듦에 따라 스페인에서도 패스트푸드 수요가 점차 증가할 것이라는 사실을 알아차렸다. 그래서 그는 8만 달러를 들여 마드리드에서 피자 배달 서비스를 시작하였다. 이제 그의 텔레피자(TelePizza)는 2억 9천 4백만 달러의 매출을 자랑하며 약 13,000명의 직원을 고용하고 있고, 8개국에 760개의 체인점을 두고 있다.

파리로부터의 영감

앤디 가빈(Andy Garvin)은 프랑스에서 맘에 드는 것을 발견했다. 파리에서 『뉴스위크』 기자로 일하면서 그는 빅 코퍼레이션(Bic Corporation)의 창립자 마르셀 비크(Marcel Bich)에 관한 기사를 작성하기 위해 급하게 이에 관한 배경 지식이 필요한 적이 있었다. 그는 그의 동료들이 하는 대로 하기로 했다. 곧 그는 전화기를 들어 SVP로 전화를 걸었다.

SVP(SVP는 프랑스어로 s'il vous plait, '괜찮으시다면'이라는 뜻이다.)는 프랑스 기업계에서는 일종의 필수품과 같은 존재였다. 그 회사는 다음과 같은 전제를 바탕으로 하고 있었다. "귀사에 궁금증이 생기시면 우리가 대답을 찾아 드리겠습니다."

앤디 가빈은 성공적인 기업가의 아들이자 손자이다. 곧 그는 재빨리 머리가 돌아가기 시작했다. 그는 프랑스에서 얻은 이 컨셉을 미국으로 가져왔다. 이를 위해 그는 SVP의 운영에 관한 세부 정보를 최대한 입수했고 수치와 방법들, 그리고 라이선스를 들고 뉴욕으로 돌아왔다.

SVP 컨셉이 성공할 수 있었던 이유는 대부분의 회사들이 필요로 하는 정보가 이미 존재하기 때문이다. (가령 뉴질랜드가 작년에 수출한 양고기는 얼마나 되는가? COBRA를 쉽게 설명해 달라. 소형 디지털 기기를 위한 잠재적 시장은 얼마나 되는가? 등이 그런 질문들이다.)

설령 인터넷이 있다 하더라도 정보를 찾는 것은 귀찮은 일일 수 있다. 사람들이 항상 어디를 찾아봐야 할지, 또는 어떤 출처를 믿어야 할지 아는 것은 아니다. 게다가 그들은 바쁘다.

앤디 가빈이 설립한 회사인 Find/SVP는 두 명의 직원과 6칸으로 이루어진 선반의 참고자료로 시작하였다. 오늘날 그가 파리로부터 빌려온 아이디어는 100명 이상의 컨설턴트와 2천4백만 달러의 가치를 지닌 유명 기업이 되었다.

스웨덴으로부터 온 영감

〈서바이버Survivor〉는 두번 연속 TV 시즌의 대단한 히트작이었다. 그 프로그램의 창조자들은 어떻게 다른 프로그램들을 제치고 시청률 1위를 기록할 만큼 뛰어날 수 있었던 것일까?

간단하다. 그들은 〈로빈슨의 탐험Expedition Robinson〉이라는 스웨덴의 TV 히트작으로부터 컨셉을 빌려왔던 것이다. 이것은 영국에서 〈캐스트어웨이Castaway〉로 재탄생되기도 했다.

아이디어를 빌리는 것은 TV 브라운관에서는 명예로운 관행이다. ABC의 깜짝 히트작인 〈Whose Line Is It Anyway?〉는 동명의 영국 프로그램을 직접적으로 모방한 것이다. 아치 벙커가 나오는 시트콤 〈일가족All in the Family〉을 기억하는가? 미국의 고전이 된 이 TV 프로그램은 영국의 TV 연속극 〈죽음이 우리를 갈라놓을 때까지Til Death Do Us Part〉를 각색한 것이다.

〈법과 질서Law & Order〉 TV판을 비롯해 여러 성공적인 프로그램을 제작해 온 딕 울프(Dick Wolf)는 이렇게 말했다. "텔레비전 프로그램에서 새로운 아이디어란 없다. 다만 실행(execution)이 있을 뿐이다."

워싱턴으로부터 온 영감

미국의 보건후생부는 일을 잘 해보고 싶었다. 특히 의료보험과 관련된 사기를 수사하는 보건후생부의 감찰청은 이런 바람이 간절했다. 1994년부터 감찰청은 부서의 존폐위기가 커짐에 따라 더 많은 기금을 의료보험 신용기금으로 회수해 올 새로운 방법에 관해 논의를 진행했다.

다른 정부 기관들이 어떤 식으로 일하고 있는지 조사하는 과정에서 이들은 FBI와 마약단속국이 팀을 이뤄 매우 성공적으로 조직범죄를 단속하는 마약 특별수사대를 운영하고 있는 것을 발견했고 이들로부터 새로운 영감을 얻었다.

그들이 빌려온 해결책은 의료보험 사기 수사대의 인력을 의료 융자국과 노후관리국(Administration on Aging)의 팀들과 결합시켜 가정 의료 산업에서의 사기 행각을 조사하도록 하는 것이었다.

결과는 어땠을까? 보건후생부는 이 일에 신용기금의 7백만 달러를 투자했고 벌금, 상환, 저축 등을 통해 1억 7천 7백만 달러를 회수할 수 있었다.

정부 기관이 수익을 낼 수 없다고 누가 말했던가? 영역을 둘러싼 부서간 다툼을 뛰어넘을 수 있다면 정부 기관도 충분히 수익을 만들어 낼 수 있다.

힐튼 헤드로부터의 영감

의사인 잭 맥코넬은 의학 연구 분야에서 성공적인 이력을 쌓고 은퇴한 뒤 사우스 캐롤라이나의 힐튼 헤드(Hilton Head)라는 지역에 집을 한 채 샀다. 그의 은퇴 생활이 골프 실력을 연마하는 것보다는 더 가치 있어야 한다고 결심하는 데에는 그리 오래 걸리지 않았다. 그는 힐튼 헤드에서 자신과는 처지에 있는 사람들을 보았다. 그들은 부유한 사람들의 리조트에서 일하는 사람들로, 대부분 최저 임금만 받으며 일하고 있었고 돈이 없어서 기본적인 의료 혜택조차 받을 수 없었다.

맥코넬은 다시 일하기로 결심했다. 그는 이 섬에 있는 다른 은퇴 의사들과 네트워크를 만들고 시청에 자원 지원을 요구했다. 그리고 곧 은퇴한 의사들과 간호사, 치과의사들로 구성된 〈Volunteers in

Medicine Clinic〉이라는 진료소를 열었다. 이 진료소는 의료보험 혜택을 받을 수 없는 특정 수준 이하의 수입을 가진 사람들에게 머리부터 발끝까지 무료로 의료 서비스를 제공했다.

첫 일 년 간 이곳을 찾은 환자는 5,000명이었지만 몇 년 후 이 숫자는 16,000명으로 불어났다.

미국에는 약 15만 명의 은퇴 의사들과 40만 명의 은퇴 간호사들이 있다. 그리고 그들 중 많은 이는 다시 의료 활동을 통해 생산적인 일을 하고 싶어 한다. 힐튼 헤드의 성공을 모델로 삼아 적어도 17개의 다른 무료 진료소들이 미국 전역에 생겨났다. 그리고 10여개가 추가로 생겨나고 있다. 수백 개의 다른 지역들도 정보를 얻기 위해 힐튼 헤드에 연락을 취했다.

잭 맥코넬의 말에 의하면 감리교 목사였던 그의 아버지는 집에 돌아오면 매일 그와 여섯 형제들에게 이렇게 물었다고 한다. "오늘은 다른 사람을 위해 어떤 일을 했니?" 어쩌면 오늘은 당신이 www.VIMclinic.org에서 좋은 아이디어를 빌려 오는 날일지도 모른다.

공룡을 위한 아이디어 빌리기

UC 버클리 대학에 있는 고생물학 박물관은 공룡의 신체 부위를 판매하는 이벤트를 벌인 적이 있다.

그 박물관은 앞으로 설치하고자 하는 티라노사우루스 렉스의 각 부위들을 후원할 후원자들을 찾고 있었다. 후원자의 이름은 박물관의 명판에 새겨질 예정이었다. 가격은 꼬리뼈 20달러에서부터 두개

골 및 턱뼈 5,000달러에 이르기까지 다양했다. (궁금하신 분들을 위해 좀더 설명을 드리자면 티라노사우르스 렉스는 평균적으로 약 300개의 부위로 이루어져 있다.)

박물관의 이러한 시도는 대성공을 거두었다. 사람들은 그들의 자녀 이름으로 공룡의 신체 부위를 구매했다. 이를 위해 빵 바자회를 연 초등학교들도 있을 정도였다.

그런데 이 아이디어는 어디에서 나왔을까? 사실 이것도 빌려 온 것이다. 공룡의 신체 부위를 팔아 기금을 마련하는 것은 오페라 하우스나 유대교 회당에서 후원자들에게 개별 좌석을 부여하는 것과 비슷하다.

비초청 초대장

많은 자선 행사들도 아이디어를 빌려오는 것에서 혜택을 볼 수 있다. 혹시 별로 참석하고 싶지 않은 자선 만찬회에 초대받은 적이 있는가? 어떤 사람들은 자선 만찬회가 싫은 것이 아니라 단지 베이비시터를 구하고 턱시도를 빌려 입고서 그 모든 연설을 들으며 앉아 있어야 하는 번거로움을 싫어할 수도 있다.

플로리다 남부의 어떤 똑똑한 친구들은 이런 심정을 다 이해한다고 말한다. 그래서 그들은 그들의 행사를 위해 다음과 같은 '비초청' 초대장('non-invitation' invitation)을 발행하기로 했다.

굿윌 인더스트리(Goodwill Industries)의 연례 정찬은
올해 아메리카나 호텔에서 열리지 않을 것입니다.
칵테일은 7시에 제공되지 않을 것입니다.
식사는 8시에 제공되지 않을 것입니다.
아트 링크레터(Art Linkletter)가 사회를 보지도 않을 것입니다.
노먼 빈센트 필 목사(Rev. Norman Vincent Peale)가
기도해 주지도 않으실 겁니다.
초대 연설은 디어 애비(Dear Abby)가 하지 않을 것입니다.
댁에서 그냥 편안한 저녁을 보내십시오.
하지만 부디 1인당 50달러 또는 한 커플 당 100달러를 보내주시면
감사하겠습니다.

이 계획이 성공했을까? 그야말로 선풍적인 인기를 끌었다. 그 후로 이것은 미국 전역의 자선 행사에서 활발하게 활용되어 왔다.

당신의 재단도 이 아이디어를 사용할 수 있을까? 궁금하다면 워싱턴에 위치한 중앙워싱턴병원(Central Washington Hospital)의 원장 잭 에반스에게 물어 보라. 잭은 우리가 경영 관련 컨퍼런스에서 소개한 이 사례를 듣고 집으로 돌아간 다음 곧바로 그 아이디어를 차용했다.

다음은 제2회 심장센터 캠페인 만찬회를 위해 병원 측에서 만든 비 초청장이다. 이 행사는 그 병원이 새롭게 연 심장전문수술센터(Cardiac Surgery Center)를 위한 50만 달러 기금 마련 행사의 일환이었다.

그레이스와 짐 린치(Grace & Jim Lynch)가 또 한 번
중앙워싱턴병원의 연말 행사를 마련했습니다.
칵테일은 7시에 제공되지 않을 것입니다.
식사는 8시에 제공되지 않을 것입니다.
사회는 빌 클린턴 대통령이 맡지 않을 것입니다.
빌리 그래험 목사(Rev. Billy Graham)가 기도해 주지 않으실 겁니다.
초대 연설은 연방준비은행(Federal Reserve)의 회장인
알랜 그린스팬이 하지 않을 것입니다.
댁에서 편안한 저녁을 보내시면서 저희 행사에 참여해 주십시오.
우리가 캠페인의 목표를 달성할 수 있도록 부디 1인당 50달러나
한 커플 당 100달러를 보내 주시면 감사하겠습니다.

에반스 원장은 "우리의 역사상 가장 성공적인 모금 행사"였다고
말한다. (이 '만찬회'에 든 총비용은 인쇄비와 우편비가 전부였다.)

당신의 재단도 이 아이디어를 사용할 수 있을까? 궁금하다면 직접
실천해 보라. 어서 아이디어를 빌려 써라.

빌린 다음 변형하라

오래전 1966년 9–10월호로 나온 『하버드 비즈니스 리뷰Harvard
Business Review』에서 테드 레비트(Ted Levitt) 교수[2]는 다음과 같
이 말했다. "완전히 새롭거나 부분적으로 새로운 제품 및 일 처리 방
식들이 쏟아져 나옴에도 불구하고 이러한 새로움의 가장 큰 흐름은

단연코 혁신이 아니라 모방이다."

페덱스(FedEx)의 경우를 생각해 보자. 페덱스는 애초에 회사를 설립하게 된 가장 핵심적인 비전, 즉 야간 배달(overnight delivery)이라는 컨셉에 전적으로 매진한다. 페덱스가 직원들에게 훈련시키는 운송물 수송 및 관리법이 너무나 효과적인 나머지 미군에서도 걸프전에 사용할 공급 시스템을 위해 페덱스의 훈련법을 적용시킬 정도였다.

그러나 페덱스의 창립자 프레드 스미스(Fred Smith)조차 한정된 수의 비행기로 야간 배달을 할 수 있는 가장 효율적인 방법을 찾기 위해 다른 곳에서 아이디어를 빌려 와야 했다. 그는 은행에서 수표를 중앙 어음교환소에 집합시키는 것을 보고 자신의 비행기들을 한 장소에 정박하겠다는 영감을 얻었다.

50년 전 알렉스 오스본(Alex Osborn)이라는 사람은 기존의 아이디어를 가지고 새로운 문제를 해결하는 일련의 방법들을 정리한 바 있다.

오스본은 BBDO(Batten Barton Durstine & Osborn)라는 광고회사의 이름에서 'O' 자 부분을 맡고 있으며, 인생의 상당 부분을 좋은 아이디어를 낼 수 있는 좀더 효과적인 방법을 찾는 데 썼다. 그는 이

---

2 테어도어 레비트(Theodore Levitt)는 하버드 경영 대학 교수이자 『하버드 비즈니스 리뷰』의 前 편집장이기도 했다. 오늘날 경영과 마케팅 분야에서 가장 널리 읽히는 저자이자 존경받는 권위자로서 그는 공전의 베스트셀러 〈The Marketing Imagination〉을 저술한 바 있다.

것을 '응용 상상력(applied imagination)'이라 불렀다. 그가 내놓은
방법 중에는 다음과 같은 것들이 있다.

- 문제를 좀더 쉽게 다룰 수 있는 작은 단위로 잘게 쪼개라.
- 개별적인 차원과 집단적인 차원을 모두 활용하여 문제 해결에
  착수하라.
- 대부분의 해결책은 아이디어를 위한 연상을 하다보면 나올 것
  이라고 가정하라.
- 기존의 아이디어가 수많은 방식으로 변형될 수 있다는 사실을
  기억하라.

지금까지 우리는 기존의 아이디어를 당신이 현재 작업하고 있는
문제에 맞게 변형하라는 토머스 에디슨의 충고를 살펴보았다. 그리
고 우리는 새로운 아이디어를 찾는 현대의 사람들을 위해 알렉스 오
스본의 방법을 변형하고 확대하고 현대화했다.
이제는 모방을 고상한 예술로 승화시키고 다른 곳에서 빌려 온 아
이디어를 당신 자신의 것으로 만들기 위해 당신이 할 수 있는 모든
것을 알아볼 차례이다.

무엇을 대체할 수 있는가?

05

파나소닉은 일반적인 노트북 컴퓨터의 덮개 부분을 울퉁불퉁한 껍질 모양으로 대체하고 터프 북(Tough-book)이라는 제품을 내놓았다. 그들의 튼튼한 컴퓨터는 큰 충격을 받더라도 계속 작동할 수 있다.

한 컨퍼런스 단체는 자신의 신상품을 홍보하기 위해 값비싼 4색 전단지 대신 단순한 보도 자료를 만들어 5,000명의 메일링 리스트로 뿌렸다. 반응은 폭발적이었다.

장소와 시대 그리고 인물명에 약간의 수정을 가함으로써 (그리고 레오나르드 번스타인의 도움을 약간 얻어) 〈로미오와 줄리엣〉은 〈웨스트사이드 스토리〉가 될 수 있었다.

"어떤 사람이나 사물을 대신해 다른 사람이나 사물을 넣거나 사용하는 것." 사전에서는 '대체(substitution)'라는 단어를 이렇게 정의한다.

당신이 갖고 있는 것의 접근방법이나 재료, 요소, 또는 겉모습에서 무엇을 대체할 수 있을까? 훌륭한 아이디어맨에게 이 기술은 승리를 보장해 주는 확실한 방법 중 하나이다.

〈웨스트사이드 스토리〉는 창의성이 넘쳐나는 예술 분야에서 이러한 대체를 보여 주는 예외적인 경우가 아니다. 몇 년 전 하트포드 발레단은 〈호두까기 인형〉을 가져와 1800년대의 캘리포니아로 배경을 바꾸고 여기에 미국 인디언들과 레비스트로스, 마크 트웨인을 추가하였다. 그 결과 탄생한 〈아메리칸 호두까기 인형〉은 세상의 극찬을 받았다.

2001년 5월 8일자 〈USA 투데이〉의 헤드라인은 "MTV, 오페라 걸작을 현대화하다"였다. 그렇다. MTV는 〈힙합페라Hip-Hopera〉를 가지고 기존 오페라의 몸부림과 울부짖음을 새로운 차원으로 이끌어 냈다. 〈힙합페라〉는 무려 약 125년 전에 만들어진 〈카르멘〉을 재구성한 것이다.

만약 예술처럼 창조적인 분야도 기존의 것을 다른 것으로 대체함으로써 찬사를 얻을 수 있다면, 하물며 우리 같은 사람들이 못할 이유가 어디 있겠는가?

이것 대신에 저것

멀리 볼 것도 없다. 당장 당신의 책상만 보더라도 당신은 기존의 것을 다른 것으로 대체함으로써 성공한 회사들의 이야기로 둘러싸여 있다는 것을 알 수 있다.

- 보스톤(Boston) 사에서 만든 신제품 그립(Grip) 스테이플러는 그냥 자리에 앉아있는 구식 스테이플러 디자인과는 달리 똑바로 서 있을 수 있다. 이것은 한 번에 스테이플러를 잡고 사용하기에 훨씬 더 편하다.
- 포스트-잇 노트 디스펜서(Post-it notes dispenser)가 보이는가? 원래 디자인은 한 장씩 떼어서 쓰는 패드 형식으로서 종종 종이 뭉치에 묻혀 사라지곤 했다. 또 일단 찾아낸 다음에는 글 쓰는 위치로 옮긴 다음 조그만 노란 스티커를 하나씩 잡아서 떼어내야 했다. 그러나 새 디자인에서는 포스트 잇 노트가 튀어나와서 당신을 향해 손을 흔든다. 그것은 당장 행동에 들어갈 준비가 되어 있다.
- 무선전화기도 있다. 쉽게 엉클어지는 전화선 대신 무선전화기에는 니켈 카드뮴 배터리가 숨겨져 있다. 이제 당신은 전화기를 이리저리 가지고 다녀도 전화선이 엉키는 위험 없이 당신의 진실한 내용을 마음껏 털어놓을 수 있다.

기존의 것을 다른 것으로 대체하는 데 있어 비결은 '이것' 대신에 '저것'을 집어넣는 것이다. 이렇게 하기 위해서는 구체적으로 어떻게 하면 될까?

쉽다. 그냥 다음의 가능한 방법들 중 하나를 탐색해 보면 된다.

1. 구성 요소를 대체하라.
2. 브랜드를 대체하라.
3. 자동화로 대체하라.
4. 수작업으로 대체하라.
5. 비용을 절감하도록 대체하라.
6. 겉모습을 대체하라.
7. 다른 사람으로 대체하라.

이제 당신도 기존의 어떤 것 대신에 다른 것을 집어넣을 준비가 되어 있다.

구성 요소를 대체하라

발명과 혁신의 오랜 역사는 한 요소나 재료, 또는 과정을 다른 것으로 바꾸는 것이 새로운 문을 열어 주는 계기가 된 수많은 사례들을 제공한다. 이 방법을 통해 단 맛으로 유명한 시리얼 슈거 팝스(Sugar Pops)는 좀더 영양을 의식한 콘 팝스(Corn Pops)가 될 수 있었다.

한편 메릴랜드 주에서는 "담배를 무엇으로 대체할 수 있을까?"에 대해 고민하기 시작했다. 400년 동안 담배는 이 주를 먹여 살리는 매우 수익성 높은 작물로서 이 지역 농업 경제의 토대이자 수만 평의 농지에서 열심히 일하는 수천 수백 명 농부들의 밥줄이었다. 그러나 전통이라는 문제를 예외로 놓고 보면, 담배 농사는 과연 당신이 자손에게 물려주고 싶은 사업이라고 볼 수 있는가? 오늘날 흡연이 엄청난 사회적, 경제적 그리고 건강상의 손실을 초래하고 있다는 비난을 감당하면서까지 말이다.

메릴랜드 주는 이 농부들이 다른 작물을 재배할 수도 있다고 생각했다. 그리고 이를 돕기 위해 담배 회사들과의 법적 합의를 통해 얻어낸 55억 달러로 마련한 국립신용기금의 일부를 사용할 수도 있다고 생각했다.

메릴랜드 주의 담배 농부 중 75퍼센트 이상은 주정부의 계획에 찬성했다. 보상금을 받아들이는 대신 다른 작물에 집중하고 다시는 메릴랜드 주에서 담배 생산에 동참하지 않겠다는 데 합의했다. 주지사 패리스 글렌드닝(Parris Glendening)은 이렇게 말한다. "농부들이 담배에서 다른 건강 작물로 전환하도록 돕는 것은 메릴랜드가 흡연과 담배 중독, 기타 담배 관련 질병들과의 싸움에서 가장 선두적인 역할을 담당하게 하는 데 있어 핵심적인 부분을 차지합니다."

스스로에게 물어보자. "만약 어떤 요소를 다른 것으로 대체하면 더 많은 일을 해내거나 더 많은 제품을 팔 수 있게 되지 않을까?"

- 구성 요소를 바꿈으로써 전등은 놀라운 향상을 경험할 수 있었다. 토머스 에디슨이 등장하기 수십 년 전, 드 라 뤼(De la Rue)라는 과학자는 백금 코일을 튜브로 감싼 다음 그 사이로 전류를 통과시켰다. (그의 디자인은 효과를 거두었지만, 이 귀금속의 비용은 그의 발명을 매우 비실용적인 것으로 만들었다.) 이후 숯으로 만든 필라멘트와 탄화 섬유, 연소 시간이 40시간에 불과한 에디슨의 첫 탄소 필라멘트와 GE의 텅스텐 필라멘트가 등장했

다. 좀더 최근에는 필립스에서 가스를 활성화해 빛을 내도록 하는 자기 유도(magnetic induction) 장치를 새로 추가하였다. (이것은 부품이 닳지 않고 전구의 수명도 6만 시간에 이른다.)

- 제1차 세계대전이 끝난 직후, 드위트 월러스(DeWitt Wallace)는 중요한 기사들을 한 자리에 모아 놓은 조그만 잡지에 관해 꿈꾸기 시작한다. 그는 자신의 소박한 아이디어를 '리더스 다이제스트(Reader' s Digest)'라 불렀다. 이제 그 잡지는 미국에서만 매달 1,300만부가 팔려나가고 십여 개의 외국어 버전을 두고 있으며 전 세계에서 가장 널리 읽히는 잡지가 되었다. 수십 년이 흐른 뒤, 서부 해안 출신의 딘 앤더슨(Dean Anderson)이란 사람은 이런 질문을 던진다. "만약 내가 리더스 다이제스트와 다른 종류의 기사들을 한데 모아서 낸다면 어떨까?" 그의 관심사는 그 당시 막 싹트고 있던 건강 관리 분야였다. 오늘날 그의 회사 COR Healthcare Resources는 건강 관리 분야의 전문가들을 위해 매달 수백 개의 간행물에 실린 수천 개의 기사들을 조사한 후 십여 개의 성공적인 뉴스레터를 만들어 낸다. 뉴스레터의 제목들은 『Clinical Excellence』에서부터 『Healthcare Market Strategist』에 이르기까지 다양하다.

- 1970년대 후반 코네티컷 출신의 변호사 에드워드 패커드(Edward Packard)는 그의 아이들에게 읽어 줄 색다른 종류의 이야기책을 만들어 낸다. 〈시간의 동굴The Cave of Time〉이 그의 첫 번째 작품이었고, 이 책은 이후 〈당신의 모험을 스스로

선택하세요Choose Your Own Adventure〉 시리즈의 첫 출발
이 된다. 그는 기존의 이야기책에 아주 간단한 변화만을 주었
다. 즉, 단지 독자를 운전석에 앉힌 것이다. 독자들은 플롯을
따라가다가 갈림길에 도착하게 되면 어느 길을 갈지 정한 후
결과를 받아들이면 된다. (이 시리즈 제1권의 첫 페이지에는 이렇
게 쓰여 있다. "당신이 겪는 모험은 스스로 내린 선택의 결과입니다.
당신이 선택했기에 스스로 책임을 져야 합니다.") 이 시리즈는 독
립심이 강한 (그리고 집중 시간이 짧은) 어린이들에게 엄청난 인
기를 끌었다. 결국 〈당신의 모험을 스스로 선택하세요〉 시리즈
는 180개 이상의 판본을 냈고 수억 부가 판매되었다.

- 조기 2차 성징에서부터 알레르기, 암에 이르기까지 모든 것을
우유 탓으로 돌리는 소비자 운동 단체가 있다. 그들은 저지방,
저콜레스테롤에 소 성장 호르몬(bovine-hormone)도 없고 단백
질도 풍부하며 우유와 같은 맛이 나는 (뭐 그렇다고 할 수도 있
다) 저온 살균과 냉장 처리 과정을 거친 두유를 예찬한다. 한편
선두적인 두유 브랜드인 실크(Silk)는 다양한 대체 게임을 벌인
다. 실크는 마치 우유처럼 보이는 포장에 우유 대신 두유를 담
아 판다. 소에서 나오지 않았는데도 여전히 우유라고 부를 수
있을까? 어쨌든 실크는 확실히 수익성이 높은 제품이다. 우유
보다 가격이 두 배 이상 비싸기 때문이다.

- 직장이나 비행기 안, 그 외 라이터로 불을 붙일 수 없는 상황에
놓인 흡연자들을 위해 만들어진 제품이 있다. 입 냄새 제거제

만한 크기에 맛도 비슷하지만 니코틴으로 가득 차 있기 때문에 굉장히 강력한 이 제품의 이름은 아리바(Ariva)이다. 이 담배 대체품은 유칼리나무와 박하 향을 첨가한 가루담배로 만들어졌다.

브랜드를 대체하라

출장이 일상화 된 직장인에게는 다음 세 가지가 항상 쫓아다닌다.

1. 비행기는 항상 연착한다.
2. 여행을 마치고 도착하게 될 호텔 방은 항상 1,500km 길이의 미로 마지막 끝에 위치하고 있다.
3. 호텔 레스토랑의 음식은 항상 물어 보나마나이다.

호텔 음식은 항상 의심의 대명사였다. 그럼에도 불구하고 모든 여행자들은 호텔이 레스토랑을 운영하길 원한다. 왜냐하면 그곳은 아침, 점심, 저녁을 위한 만남의 장소이고, 그 외의 시간에는 룸서비스가 되기 때문이다.

그렇다면 어떻게 할 것인가? 럭셔리한 호텔이라면 직접 레스토랑을 운영하는 부담을 벗어던질 수 있을 것이다. 대신 유명 레스토랑으로 대체해 전 세계의 고객들과 연결시켜 주면 되기 때문이다. 이것이 바로 플로리다에 위치한 호화 호텔, 그랜드 베이 호텔(Grand Bay Hotel)이 취한 방법이었다. 그랜드 베이 호텔은 바이스(Bice)라는 이름의 최신 유행 레스토랑을 내부에 들여놓았다. 이탈리아 밀라노에 본사를 둔 바이스는 뉴욕, 시카고, 그리고 플로리다 팜비치에 지사를 두고 있다.

그렇다면 중간 수준의 좀더 검소한 호텔들은 어떻게 해야 하는가? 비즈니스맨들은 적당한 가격과 일관된 품질, 신속하면서도 다양한 식사 선택의 폭, 그리고 격식 보다는 캐주얼한 편안함을 원한다.

더블트리 클럽 호텔(Doubletree Club Hotel)이 이 까다로운 주문 사항을 모두 충족시키기로 했다.

전통적인 호텔 음식점 대신 더블트리 클럽 호텔은 카페 겸 빵집 체인점인 오 봉 뺑(Au Bon Pain)과 동업 관계를 맺었다. 호텔 로비를 벗어나면 바로 사무실 겸 카페인 '클럽 룸'이라는 곳이 마련되어 있다. 이곳에는 업무용 전화와 컴퓨터 그리고 (또 하나의 유명한 브랜드인) 스틸케이스(Steelcase)의 'Personal Harbor'라는 개인용 작업 공간이 있다.

중앙 무대는 하나의 독립적인 공간으로 오 봉 뺑이 위치한다. 이곳에서는 클럽 룸에 온 사람들에게 뜨거운 앙트레를 포함하여 신선하고 건강한 음식을 서비스한다. 또는 회의실이나 호텔방으로 음식을 배달해 주기도 한다.

더블트리는 이것을 '비즈니스 여행의 혁명(business travel revolution)'이라고 호언장담한다.

당신의 회사에서도 브랜드 대체가 필요한 고리타분한 부분이 있는가?

자동화로 대체하라

- 최초의 미싱은 페달로 작동하였다. 이후 전기 모터가 발의 힘을 대체하였다.
- 자동차의 와이퍼와 창문들은 원래 손으로 돌려서 작동하는 것이었다. 이후 전기 모터가 등장하였다.

캘리포니아에 위치한 그래나이트 락 컴퍼니(Granite Rock Company)는 돌과 모래를 지역 건설업자들에게 판매하고 있었다. 막대한 양의 건축 재료를 운반하기 위해 대여하는 트럭 임대료가 1분당 1달러 혹은 그 이상 들었기 때문에 시간은 매우 중요한 변수였다.

"어떻게 하면 속도가 빨라질 수 있을까?" 회사는 은행의 자동인출기와 비슷한 자동 적재 시스템을 개발했다. 그 시스템은 신분증을 제시하면 재료를 내 주고 영수증을 발행했다. 이 시스템의 이름은 그래나이틱스프레스(GraniteXpress)라 불렸다. 이전의 적재 시간이 24분 정도 걸렸던 반면 이제 고객들은 단 7분 만에 모든 일을 끝낼 수 있게 되었다.

고객의 시간을 그들의 돈만큼이나 소중하게 여긴다면 신속한 일 처리를 위해 자동화를 고려해 보는 것도 좋을 것이다. 점원 대신 속도가 빠른 기계를 들여놓는 것은 엄청난 차이를 만들어 낼 수 있다. 이를 통해 사람들은 좀더 생기발랄하고 흥미로운 일에 매달릴 수 있는 시간적 여유를 갖게 될 것이다. 그래나이트 락이 『포춘』지가 뽑은 '일하기 좋은 곳 100위' 안에 4년 연속으로 선정된 것은 결코 우연이 아니다.

수작업으로 대체하라

자동화와 기술이 항상 모든 문제의 해결책은 아니다.

간혹 1,000원짜리 간단한 나사 드라이버 하나가 최첨단 다기능 드라이버(3만원, 운송비 별도)보다 더 나을 때도 있다.

매일 매시간 도시에서 펼쳐지는 다음의 드라마를 생각해 보자. 응급 상황에서 활동하는 의료 종사자들은 지붕 위나, 기차 철로, 또는 빙판이 덮인 연못 위 등 가장 열악한 곳에서 수많은 생명 구호의 기적을 펼쳐 보인다. 이들에게 정해진 구급 요청이란 없다. 혹시 그들의 대형 구급 차량이 인파나 가두행진에 막혀 꼼짝하지 못하거나 통과하기 어려운 지형과 마주치게 되면 어떻게 되는지 궁금해 해 본 적이 있는가?

한 병원의 응급 이동치료 책임자는 어느 여름에 열린 페스티발에서 의료 감독을 요청받았을 때의 상황을 다음과 같이 묘사했다. 페스티발이 열린 들판은 호수와 잔디를 보호하는 가드레일을 사이에 두고 넓게 펼쳐져 있었다. 이 들판은 도로도 막혀 있었고 지나갈 수 있는 길도 뚜렷하지 않은 커다란 들판이었다. 응급 의료진들이 환자에게 도달하기 위해 그가 생각해낼 수 있었던 유일한 방법은 바로 자전거였다.

그렇다. 자전거 말이다. 더 구체적으로 말하자면 산악 자전거이다. 전국의 응급 의료진들은 (그리고 경찰 및 기타 여러 사람들은) 이제 난감한 상황에서 사용할 이동 수단으로 점점 자전거를 선택하고 있다.

잠시 여러분 회사의 물류에 대해 생각해 보자. 여러분은 재료나

비용을 절감하도록 대체하라

당신이 속한 부서의 회의 비용이 천정부지로 치솟자 사장이 분에 못 이겨 고래고래 고함을 지른다. 당신만 이런 것은 아니다. 경기가 어려워짐에 따라 많은 기업들이 여행 경비를 줄이려 혈안이 되어 있다. 한 여행업체에 따르면 2001년에 몰아친 경기 한파로 기업들의 여행경비 예산이 평균 25퍼센트, 어떤 경우에는 최고 50퍼센트까지 삭감되었다고 한다.

그렇다 하더라도 먼 곳에 떨어져 있는 팀들과 만나 이야기할 시간은 필요하다. 그렇다면 어떻게 할 것인가? 대체의 원칙을 회의 진행 예산이 부족한 당신의 상황에 적용시켜 보도록 하자.

- 하늘 높은 줄 모르고 치솟는 비행기 값을 지불하는 대신 화상 회의나 온라인 회의 같은 원격 회의(teleconference)로 대체할 수 있다. 픽처텔(PictureTel)과 같은 동영상 서비스의 품질은 이제 예전보다 훨씬 개선되었다. 스프린트(Sprint)는 그들의 원격 회의 관련 사업이 2001년 한 분기 만에 10퍼센트나 급증했다고 말한다.

- 값비싼 호텔에서 하는 대신 좀더 저렴한 지역으로 장소를 이

동할 수도 있다. 뉴욕, 시카고, 로스앤젤레스 등 값비싼 호텔들이 있는 대도시에 위치한 회사들은 이제 도심이 아닌 교외에서 회의를 개최하고 있다.

- 외부의 호텔이나 컨퍼런스 센터 대신 회사 내부의 회의 공간을 활용할 수도 있다. 비용을 절감하기 위해 휴렛 패커드(Hewlett-Packard)는 보안 분석가들을 위한 연례회의 장소를 뉴욕에서 캘리포니아의 중소 도시 팔로알토의 본사에 있는 150석 강당으로 옮겼다. (휴렛 패커드는 또한 이동이 자유롭지 않은 기술 분석가들을 위해 세미나 세션과 Q&A 시간을 인터넷으로 방송했다.)

어쩌면 일시적 해고처럼 출장 경비 이상으로 재정을 긴축해야 하는 상황에 처할 수도 있다.

그러나 이런 경우에도 얼마든지 창조적으로 대처할 수 있다.

- 사무실을 통합하기: 광고 회사나 기타 서비스 회사들은 종종 지부를 합병함으로써 부동산 비용을 절감할 수 있다는 사실을 발견했다.
- 직원을 공유하기: 직원은 많지만 할 일이 별로 없는 회사들은 할 일은 많지만 직원이 없는 다른 회사들과 그들의 직원을 공유하기도 한다.
- 임금 대신 스톡옵션을 제공하기: 아칸소에 있는 한 데이터베이스 관리 회사는 임금의 5퍼센트를 삭감하는 대신 삭감분에 대하여 스톡옵션으로 지불하기로 했다. 그들은 또한 자발적으로 더 많

은 임금 삭감을 선택한 직원들에게 더 많은 스톡옵션을 제공하기로 했다.

겉모습을 대체하라

뉴올리언스 주는 한창 좋은 시절을 누리고 있다. 그러나 대범하고 실험적인 예술가들의 고향으로 유명한 현대예술센터(Contemporary Arts Center)는 한 가지 문제로 골치를 앓고 있었다.

그들의 전시공간은 회화, 사진, 음악, 비디오, 조각, 퍼포먼스 등 다양한 분야의 새로운 작품들을 전시한다. 이 중 어느 것도 '전통적'이라는 단어와는 거리가 멀다. 그러나 여타의 박물관과 갤러리에서처럼 이 예술센터에서도 그러한 예술적 노력을 가능케 하는 후원자들에게 감사를 표하는 전통만은 유지해 오고 있다.

이를 위해 다른 문화 기관들과 마찬가지로 이 예술센터도 기부자들의 이름을 새겨 넣는 '후원자의 벽'을 만들어 놓았다.

어느 정도 규모를 갖춘 지역 회사들은 많은 돈을 기부하기도 하는데 이들을 위해서는 스테인레스 스틸로 된 명판 벽면에 회사 이름 위로 그들의 로고가 자랑스럽게 전시되었다. (우리는 지금 현대 예술에 대해 이야기하고 있다. 마호가니로 된 명판을 기대해서는 곤란하다.)

그러나 이들을 곤란케 한 문제는 똑같이 거금을 제공한 개인 기부자들을 어떻게 할 것인가였다. 개인 기부자들의 이름은 아무런 그림도 없이 이름만 덩그러니 명판에 새겨져야 했다. 그러나 어떤 이름에는 로고가 있는 반면 어떤 이름에는 로고가 없는 것은 예술적으로 일관성을 결여하는 것이 된다. 이 문제를 어떻게 해결할 것인가?

- 현대예술센터는 이때 문득 훌륭한 대체의 영감을 떠올릴 수 있었다. 결국 로고란 그 회사를 나타내는 고유한 시각적 표시가 아니고 무엇이란 말인가? 그렇다면 개인 기부자를 나타내는 고유한 시각적 표시란 무엇일까? 바로 지문이다! 우리는 이름 위에 새겨질 개인 기부자들의 로고로 지문을 새겨 넣으면 된다!

- 1980년대 중반 콜게이트 팜올리브(Colgate-Palmolive) 사는 여러 아시아 국가에서 가장 잘 팔리는 치약 중 하나를 소유하고 있는 어떤 홍콩 회사를 인수하게 되었다. 이 치약의 시장 점유율은 일부 국가에서는 무려 50퍼센트를 상회하기도 하였다. 여기까지는 참 좋다. 그러나 그 치약은 '다키(Darkie, 흑인을 비하하여 부르는 말 — 옮긴이)'라는 이름과 함께 의심의 여지없이 너무나 명백한 흑인 가수의 얼굴을 겉포장에 싣고 있었다.

여기서 잠깐 역사적 배경을 설명하자면 그 가수의 얼굴이 이 치약 디자인의 일부가 된 것은 1920년대의 일이다. 그 당시 이 회사의 CEO는 미국 가수 앨 졸슨(Al Jolson)의 넓고 하얀 치아가 많이 드러나 보이는 미소를 보고 그것이 멋진 로고가 될 것이라 생각했다. 그러나 60년 뒤 콜게이트가 이 회사를 인수했을 때, 콜게이트는 수정을 요구하는 주주들의 탄원과 종교 집단들의 비난, 심지어 국회의원의 분노까지 직면해야 했다.

이 상황에서 노련한 CEO는 어떻게 해야 할까? 당연히 문제가 되는 표시들을 다른 것으로 바꿔야 한다. 콜게이트 팜올리브의 이사장인 루벤 마크(Ruben Mark)는 치약의 이름을 즉시 '달리(Darlie)'로 개명하고 (철자 하나만 바꾸어도 엄청난 차이를 만들어냈다) 로고도 인종을 알 수 없는 남자가 실크 햇(silk hat)과 턱시도, 나비넥타이를 입은 모습으로 바꾸겠다고 발표했다. 그는 다음과 같이 말했다. "그것은 너무나 잘못됐고 모욕적인 것이었다. 도덕적 양심에 따라 우리는 그것을 다른 것으로 바꿀 수밖에 없었다."

콜게이트의 수정은 예리한 것이었다. 완전히 새로운 이름과 겉포장은 홍콩, 말레이시아, 싱가포르, 대만, 태국 등에서 높은 인지도를 지니고 있는 이 치약의 언어적, 시각적 아이덴티티를 모두 앗아가 버렸을 것이다. 대신 이 회사는 문제가 되는 특성들만 다른 것으로 대체하였다.

간혹, 겉모습의 변경은 실용적이기보다는 상징적인 이유에서 비롯되기도 한다.

* 도시바(Toshiba Corporation)는 점점 규모를 확장해 가는 거대 하이테크 기업으로서 세탁기에서부터 원자력 발전소, 노트북에 이르기까지 만들어 내지 않는 것이 없다. 도시바에 새로 부임한 신임 회장은 앞으로 이 회사가 가고자 하는 방향을 대내외에 알리기로 결심한다. 이를 위해 그는 15년간 도쿄 본사에

서 직원과 방문객들을 맞이했던 고속증식 원자로 모델을 해체하고 대신 이를 미래주의적인 도시바 텔레비전이나 e-커머스 키오스크[1] 들로 대체하도록 지시했다.

다른 사람으로 대체하라

프레미오 푸즈(Premio Foods)는 미국에서 가장 맛있는 이탈리안 소시지를 만들어 낸다. 수십 년 전 이 회사의 할아버지는 이탈리아 고향에서 가져온 정성어린 레시피를 물려주셨다. 이후 이 회사는 독점 공급자로부터 특별히 선정한 돼지고기 부위만을 구매해 이를 즉시 신선한 양념들과 함께 갈아 특별한 맛과 향을 낸다.

만약 당신이 프레미오의 마케팅 팀장이라면, 소비자의 두뇌 중 감성적인 우뇌가 이곳의 음식 맛을 보고 펄쩍 뛰어오르며 "꿍장해!"라고 외치리라는 것을 안다. 그러나 이성적인 좌뇌는 그럴 만한 증거를 찾지 못한다. 그러한 맛의 주장을 객관적으로 '증명'할 수 있는 방법이 없는 것이다.

그러나 사실 증명할 수도 있다. 당신은 다른 사람들이 그들의 우수성을 입증해 온 방식으로 그것을 증명할 수 있다.

* 렉서스(Lexus)는 세계적인 시장조사기관 J. D. 파워스의 고객 만족도에 근거하여 사업을 일으켜 세웠다.

---

1 키오스크(kiosk)는 공공장소에 설치된 터치스크린 방식의 정보전달 시스템을 일컫는다.

- 슈왑(Schwab)은 자신의 온라인 중개 서비스를 홍보하기 위해 『머니』, 『스마트 머니』, 『PC 월드』등에 실린 우수한 순위를 활용했다.
- "10명 중 9명의 영화배우가 럭스(Lux) 비누로 피부를 관리합니다." 1927년의 한 광고는 이렇게 주장했다.

이제 '이것 대신 저것'으로 바꾸는 시간이 돌아왔다. 당신의 맛있는 소시지를 위해 이러한 투표 결과나 전문가의 평가를 다른 어떤 것으로 대체할 수 있을까? 당신의 홍보가 신뢰를 얻을 수 있는 방법을 찾아보자.

- 당신은 스스로 설문조사를 실시할 수도 있다. 리서치 회사를 고용하여 슈퍼마켓 밖에서 사람들의 눈을 가리고 시식회를 실시하라. (만약 결과가 좋지 않다면 굳이 결과를 알릴 필요는 없을 것이다!)
- 또는 음식 전문 기자에게 접근하는 방법도 있다. 신문이나 잡지에 맛 선호도 조사를 실시하도록 제안해 보는 것은 어떨까? 음식 전문 기자는 와인에서부터 우편 판매 스테이크에 이르기까지 모든 음식에 걸쳐 이런 일을 실시한다.
- 또는 주요 이탈리안 아메리칸 페스티발에 이탈리안 소시지를 후원하라. 그런 다음 당신의 소시지를 '공식적인 이탈리아 소시지'라고 주장하라.

세계적인 광고 대행사 J. 월터 톰슨(J. Walter Thompson)의 창립자인 스탠리 리조(Stanley Resor)의 다음과 같은 조언도 주의 깊게 새겨듣기 바란다.

"우리는 취향이나 지식, 경험에 있어 탁월하다고 여겨지는 사람들을 모방하고 싶어 한다."

다시 말해, 다른 사람으로 대체하라는 것이다.

무엇을
결합할 수
있는가?

만약.

06

팀 빌딩(Team Building).

일부 경영 이론가들은 현재 최고의 가치로 팀 빌딩을 부르짖고 있다.

"팀을 만들어라. 팀을 짜라. 팀을 형성하라." 그러면 혁신적인 해결책이 넘쳐흐르고 손익계산서에는 이윤이 급증할 것이라고 말한다. 팀 빌딩의 관점에서 보면 개인은 혼자서 조직을 움직일 수 없다. 그들이 몇몇 뛰어난 슈퍼스타라 해도 마찬가지이다. 성공하기 위해서는 무엇보다 '팀'이 필요하다.

그런데 정말 그런가? 사실은 그렇지 않을 수도 있다.

물론 마치 배에서 함께 노를 젓는 선원들처럼 직원들이 서로를 이끌어 주는 팀이 가장 성공적일 수도 있다. 그리고 특정 상황에 놓인 특정 조직에게는 팀 빌딩이 가장 합리적일 때도 있다. 그러나 사실을 직시하자. 팀에서 함께 일하도록 강요당하는 것은 한편으로는 정말 곤욕스러운 일일 수도 있다. 서로 알력을 행사하고 사사건건

시비에 휩싸이며 논쟁이 끊이지 않고 서로 꼴 보기 싫어하는 관계가 될 수도 있기 때문이다. 심지어 한바탕 아수라장이 벌어지기도 한다.

그러므로 경영 컨설턴트들이 주장하듯이 팀 빌딩이 항상 만병통치약인 것은 아니다. 팀을 만드는 것은 위험천만한 일일 수도 있다. 성공의 보장도 없는 사공 많은 배에 개별 직원들이 몰려 있어야 할 뿐 아니라 혁신이나 기업가 정신, 회사의 기강을 바로 세우고자 하는 회사에게 팀 빌딩은 비생산적일 수도 있는 것이다.

그러나 직원들에게 팀을 이뤄 일하도록 강요하는 것이 그리 바람직한 방법이 아닐 수도 있는 반면, 한두 명의 개인이나 아이디어, 제품, 혹은 과정을 결합하는 것은 굉장한 조직적 혁신을 가져오는 방법이 될 수 있다.

한번 생각해 보라.

애봇과 코스텔로[1], 모르크와 민디[2], 비얼리스톡과 블룸[3], 래번과 셜리[4], 존 레논과 폴 매카트니, 피넛 버터와 젤리, 생선과 감자 칩, 아로스 꼰 포요[5], 그리고 이 책의 공동 저자인 리브킨과 시텔이 결

---

1 Abbott과 Costello. 이들은 할리우드의 전설적인 코미디 콤비이다.

2 Mork and Mindy는 1978년-1982년까지 인기리에 방영된 시트콤 코미디 TV 프로그램의 이름이다. 로빈 윌리엄스가 남자 주인공인 모르크 역을, 팸 도버(Pam Dawber)가 여자 주인공인 민디 역을 맡았다.

3 비얼리스톡(Bialystock)과 블룸(Bloom)은 공전의 히트를 기록하며 뮤지컬 코미디의 붐을 일으킨 브로드웨이 뮤지컬 〈프로듀서스 Producers〉의 두 주인공의 이름이다. 2001년 초연된 〈프로듀서스〉는 뮤지컬이 받을 수 있는 거의 모든 상을 휩쓸며 21세기 최고의 뮤지컬로 인정받았다.

4 〈Laverne & Shirley〉는 1976년 1월에서 1983년 5월까지 ABC에서 8시즌 178개 에피소드를 방영한 미국의 인기 시트콤이다. 〈Mork and Mindy〉, 〈Joanie Loves Chachi〉 등과 함께 당시의 인기 시트콤 〈Happy Days〉를 이어받아 시작해서 성공한 시트콤 중의 하나이다.

5 아로스 꼰 포요(arroz con pollo)는 쿠바 음식의 일종으로서 닭과 쌀을 혼합하여 만든 요리를 말한다. arroz는 밥(rice)을, pollo는 닭고기(chicken)를, con은 '～과 함께(with)'를 뜻하는 스페인어이다.

합하여 이루어 낸 성과를! (적어도 아로스 꾼 포요까지는 괜찮지 않은
가?)

각 경우마다 부분들을 결합하는 것은 일을 성사시키고 부분보다
훨씬 더 큰 총합을 만들어 냈다.

사전적 정의에 따르면 결합(combining)이란 "어떤 사회적, 정치
적, 또는 경제적 목적을 달성하기 위해 통합하는 행위"를 일컫는다.
일찍이 어떤 이는 이렇게 말한 바 있다. "아이디어는 그 주변의 것
들을 합침으로써 성장한다."

뛰어난 아이디어맨이라면 진정한 발전과 수익을 가져다 주는 혁
신적인 아이디어를 생각해 내기 위해 '결합'이라는 방법을 전략적으
로 사용할 것이다.

레이커 나무 현상

좋은 결합은 종종 추가로 다른 좋은 결합을 이끌어 낸다. 이를 어
쩌면 '좋은 결합의 전염성(contagious combination clicking)'이라 부
를 수도 있을 것이다. 한편 우리는 이 현상을 '레이커 나무(Laker
Tree) 현상'이라 부르고자 한다.

• 1980년대 여러 해 동안 로스앤젤레스의 레이커스는 그야말로
  NBA의 주인공이었다. 세 명의 농구선수들이 LA의 농구코트를
  좌지우지했다고 해도 과언이 아니다. 대퍼 팻 라일리(Dapper
  Pat Riley)가 코치를 맡고 마법사 '매직' 존슨이 밥상을 차려놓

으면 카림 압둘 자바(Kareem Abdul-Jabbar)가 번개처럼 나타나서 승리를 못 박았다. 팀의 나머지 구성원들은 이들에 비해 명백히 종속적인 역할을 화려하지는 않더라도 견고하게 해내는 언제든지 교체 가능한 집단이었다. 레이커스가 NBA 리그를 지배할 수 있었던 것은 뭐니 뭐니 해도 이 세 사람의 콤비 덕분이었다.

그러다가 모든 좋은 시절이 그렇듯 레이커스 왕조의 호시절에도 끝이 찾아왔다. 라일리는 뉴욕으로 떠났고 카림은 영화계로 떠났으며 매직 존슨은 사업가로 변신하였다. 그들의 자리는 베노잇 벤자민(Benoit Benjamin), 시데일 트레트(Sedale Threatt), 그리고 랜디 펀드(Randy Pfund)라는 이름들이 채우게 되었다. 이들은 모두 멋지고 인간성 좋은 선수들로서 서로 좋은 관계를 유지하며 팀을 위해 협력했다. 그러나 결과는 그리 '환상적'이지 않았다.

레이커스는 그저 그런 팀으로 전락하였다.

사실 레이커스의 운명이 바뀌기 시작한 것은 개성이 뚜렷한 다른 세 명의 인물들을 발굴하고 이들을 새로운 조합으로 결합시켜 낸 이후였다.

샤킬 오닐(Shaquille O'Neal)은 그 자체로 대단히 위협적인 선수였다. 그러나 그가 승리할 수 있었던 것은 레이커스가 코비 브라이언트(Kobe Bryant)라는 천재 소년을 찾아낸 이후였다. 그러나 이들의 분투에도 불구하고 3년 동안 이 두 명의 슈퍼스타들조차 팀을 NBA 챔피언으로 만들어 놓지는 못했다. 이러한 영광은 그들이 필 잭슨(Phil Jackson)이라는 코치와 결합하고 나서야 찾아왔다.

드디어 세 명의 거물, 세 명의 개성 강한 인물들이 하나로 모인 것이다.

그리고 이 새로운 세 명의 콤비는 또 한 번 역할을 성실히 수행해 내는 조연들에 의해 둘러싸이자 지금까지 한 번도 뒤를 돌아보는 법이 없었다.

그렇다면 우리가 말한 레이커 트리 현상이란 무엇일까? 이 레이커 왕조라는 싹으로부터 또 다시 어떤 결합들이 뻗어 나오기 시작했는지 한번 살펴보도록 하자.

- 사무용품을 생산하는 거대기업 스테이플스(Staples)는 승리의 화신 레이커스 팀과의 제휴를 위해 샤킬-잭-코비 트리오를 위한 새 기념관 건립을 후원하였고 이 농구 신전의 이름을 스테이플스 센터(The Staples Center)라 명명하였다. 스테이플스 센터는 이렇게 하여 스테이플스라는 기업을 레이커스의 성공과 성공적으로 결합시켜 낼 수 있었다.

- 나이키와 리복과의 경쟁에서 항상 뒤처질 수밖에 없었던 농구 화계의 거물 아디다스(Adidas)는 어린 코비 브라이언트를 자신의 기업 홍보대사로 영입하고 그를 철학적인 왕자로 탈바꿈해 놓았다. 아디다스의 광고에서 코비는 '혁신'과 '발명'의 정신에 대해 인상 깊은 이야기를 했다. 아디다스와 코비 브라이언트 콤비는 코비를 닮고자 하는 전국의 모든 농구선수 지망생들에게 단지 운동화 한 켤레를 잘 골라 신음으로써 아스팔트 농구 코트에서 연습하는 그들의 창조성과 잠재성에 대해 무한히 꿈꾸도록 만들었다. 곧 아디다스의 매출은 급증했다.

- 캔디 제조업체인 네슬레(Nestle)는 곱스토퍼(Gobstopper), 구미 베어(Gummi Bears), 트위즐러 초콜릿(Twizzler) 등 온갖 신제품들이 난무하는 시대에 자신의 구시대적인 크런치 바를 위한 돌파구로 농구계의 킹 크런처와 손을 잡기로 한다. 네슬레 크런치와 샤킬 오닐의 결합은 이 유서 깊은 캔디 브랜드를 부활시키는 데 큰 역할을 담당한다.
- 마지막으로 농구 코트를 제패하는 이 세 명의 성공과 밀접한 관련을 맺고 있는 사람들로 레이커 걸즈(Laker Girls)를 빼놓을 수 없다. 이들은 점차 달력, 잡지 모델, 방송 촬영 등에서 가장 사랑받는 치어리더 자리를 놓고 달라스 카우보이즈의 경쟁자들을 대체해 나갔다.

레이커 나무 현상은 어떤 조직에게나 강력한 개념이다. 그것은 서로를 살찌우고 확장시키는 성공적인 결합의 가치를 입증해 준다. 그러한 결합은 평범함의 수면 위로 떠올라 오래된 아이디어에 새 생명을 불어넣고 사람과 제품에 활기를 되찾아주며 조직을 새롭게 일으켜 세운다.

결합의 힘

처음에 나온 요거트는 참 평범했다. 너무나 평범해서 약간의 개성이라도 주기 위해서 이 제품은 바닐라와 결합해야만 했다.(세상에, 바닐라라니!) 그러나 이후 요거트 산업은 바쁘게 돌아가기 시작했다.

- 바닐라 향은 딸기나 바나나, 초콜릿 등의 향과 결합되었다.
- 이후 이들은 체리, 복숭아, 사과 등 진짜 과일과 결합되기 시작 했다.
- 이후 과일 요거트는 견과류와 결합되었다.
- 과일 및 견과류 요거트는 그라놀라(granola)와 결합되었다.
- 과일-견과류-그라놀라 요거트는 스프링클이나 토핑들과 결합 되었다.

요거트 산업이 활성화될 수 있었던 것은 모두 '결합' 덕분이었다. 새로운 아이디어를 도입하기 위해 결합의 힘을 활용함으로서 당 신은 바닐라 향과 같은 당신의 업계나 제품, 조직 구조, 또는 인사 배치의 평범함을 피할 수 있다.

폴 사이먼은 〈브리지 오버 트러블드 워터Bridge over Troubled Water〉의 영감을 어디서 받았는지에 대해 질문을 받자, 자신은 평소 에 바흐의 합창곡과 스완 실버스톤스(Swan Silverstones)의 가스펠, 이렇게 두 가지 멜로디를 항상 머릿속에 지니고 다녔다고 했다. "그 리고 그 둘을 결합시킨 것뿐입니다." 그의 결합은 현대 음악사상 가 장 큰 히트곡 중 하나가 되었다.

당신도 당신 주변의 것들을 결합시킴으로서 새로운 제품과 조직, 그리고 당신 자신을 더욱 발전시킬 수 있다. 참 간단하지 않은가!

콤비의 기술

전형적인 21세기 핵가족 가정에서 가장들은 대부분 혼자서 밥을 먹는다. 아이들은 야구장에 나가 있고, 아내는 야근에 시달리는 동안 저녁 식사를 준비하는 일은 이 집의 가장에게 남겨진다.

이런 상황에서 당신은 '어디 한번 샐러드를 만들어 볼까?' 하고 생각한다. 그러나 샐러드에 들어가는 것이 단지 상추와 토마토뿐이라면 굳이 샐러드를 만들 필요는 없었을 것이다. 그래서 당신은 여기에 꼬마 당근들을 썰어 넣고 약간의 올리브와 버섯을 첨가한다. 그리고 냉장고에 처박혀 있던 치즈 덩어리와 기왕 하는 김에 칠면조 슬라이스도 집어넣기로 한다. 그리고 여기에 오렌지 조각으로 향을 돋우는 것은 어떨까? 그리고 베이컨 조각과 삶은 달걀, 히까마(jicama)[6] 등을 집어넣는 것은 어떨까? 뭐든지 집어넣어라. 크루톤(crouton)[7]과 파르마 치즈(Parmesan), 그리고 골든 하니 디종[8] 마리네이드[9] 드레싱을 부드럽게 뿌리는 것도 좋다.

그러면 짜잔! 당신은 결합을 통해 훌륭한 걸작을 만들어 낸 셈이다. (이러한 방법을 통해 펩토 비스몰(Pepto-Bismol)을 만들어 낸 친구들이 거둔 성공은 두말할 필요도 없다.)

창의성도 마찬가지이다. 한 곳에서 얻은 아이디어가 다른 곳에서

---

6 히까마(jicama)는 중남미가 원산지인 고구마의 한 종류이다. 배, 생고구마, 칡, 무 등의 맛이 섞인 듯한 구근식물로서 80퍼센트 이상이 달콤하고 시원한 즙으로 되어있다.
7 크루톤(crouton)은 샐러드 장식용의 말린 빵조각이다.
8 디종(Dijon)은 프랑스 중부 지방에서 생산되는 검은색 겨자로서, 고급 요리에 많이 쓰인다.
9 마리네이드(Marinade)는 재빨리 삶거나 담구어 부드럽게 만든다는 의미로 과일이나 케익에 시럽을 적시는 것을 말한다. 고기나 생선, 야채 등을 오일 또는 식초 및 포도주에 향료를 넣은 양념 등에 절여 놓는 것을 뜻하기도 한다.

얻은 아이디어와 결합되면 전혀 색다른 무언가를 만들어 낸다.

많은 이들이 합성(synthesis), 즉 여러 요소들을 하나로 결합하는 행위를 창의성의 진수라 여긴다. 어떤 것을 다른 것으로 대체하는 것이 뭔가 독창적인 것을 생산해 낼 수 있듯이 여러 성분들을 하나로 합치는 것도 마찬가지이다.

결합은 건강한 이윤을 창출해 낼 수도 있다. 슈퍼마켓의 경우를 한 번 둘러보면, 칼슘이 강화된 오렌지 주스는 단지 시작에 불과했다. 『국제 영양 산업Nutrition Business International』에 따르면 비타민과 미네랄이 첨가된 식품은 매출이 170억 달러에 달하는 거대 산업으로서 다른 식품군보다 두 배나 빠르게 성장하고 있다.

무엇보다 좋은 점은 훌륭한 결합을 얻기 위해 네팔의 깊은 산속에서 사는 아이디어 천재를 찾아내지 않아도 된다는 것이다. 창조적인 결합을 생각해 내는 기술은 간단하다. 그것은 다음과 같이 세분화해서 결합을 시도해 보는 것이다.

1. 개별 성분이나 구성 요소, 재료들을 결합한다.
2. 전체 제품을 결합한다.
3. 제품의 용도를 결합한다.
4. 조직 기능을 결합한다.
5. 조직 자체를 결합한다.
6. 인터넷과 결합한다.

개별 구성 요소들을 결합하라

"어떤 재료를 결합할 수 있을까?"

모든 제품이나 서비스는 특정한 구성 요소들로 이루어져 있다. 우리는 제품을 그 구성 요소들로 분해함으로써 기존과는 다른 속성과 매력을 가진 신제품을 만들어 낼 수 있다.

좋은 결합을 생각해내기 위해서는 사업적으로 진짜 문제가 되는 것이 무엇인지 규명해 내는 '작업의 전제(operating premise)'가 필요하다. 그런 다음 이를 구성 요소들의 결합으로써 해결하면 되는 것이다. 예를 들어 1920년대에 클라렌스 버즈아이(Clarence Birdseye)가 급속 냉동 처리방법을 개발한 이후 수많은 식품 제조업자들이 인스턴트 식품 개발에 달려든 바 있다. 오늘날, 점점 더 많은 사람들이 심지어 사과 하나를 먹거나 오렌지 껍질을 벗기는 것조차 시간이 없을 만큼 너무나 바쁜 시대가 되면서 초강력 편의 식품에 대한 요구는 점점 더 증가하고 있다. 그래서 식품 제조업자들은 다음과 같이 여러 가지를 결합하기 시작했다.

아이스티

- 작업의 전제: 물을 끓이고 식힐 시간이 없다.
- 결합을 통한 해결책: 립톤(Lipton)은 찬 물에 아이스티를 우려 낼 수 있는 티백을 판매한다. 이를 통해 물을 끓이고 식히는 데 드는 시간과 노력을 절약할 수 있다.

치약

- 작업의 전제: 치약과 입냄새 제거액을 둘 다 쓸 시간이 없다.
- 결합을 통한 해결책: 콜게이트(Colgate)는 치약과 입냄세 제거액을 하나로 결합한 '투 인 원(2-in-1)' 제품을 선보인다. 세계에서 가장 유명한 구강 청정제 브랜드인 리스터린(Listerine)은 그 보다 한 발 더 나아가 동일한 결합을 암시하며 직접 자신의 치약을 출시한다.

시리얼

- 작업의 전제: 아침 식사를 할 시간이 없다.
- 결합을 통한 해결책: 우유에 시리얼을 넣고 바(bar)로 만들어 사람들이 버스나 자동차, 지하철에서 먹을 수 있도록 한다. 제너럴 밀스(General Mills)의 밀크 앤 시리얼 바(Milk 'n Cereal Bars)는 겉에는 치리오가, 속에는 크림 우유가 가득 차 있어 따로 그릇이나 수저, 그리고 시간을 들일 필요가 없다.

기존의 성분이나 구성 요소, 재료를 혼합하여 뭔가 새롭고 독창적이며 혁신적인 것을 만들어 내는 것은 어느 산업에서나 통하는 진리이다. '당신을 파티에 데려 온 여자와 춤을 추는 것'이 당연하듯이 회사가 이미 기대고 있는 기존의 구성 요소로 뭔가 새로운 것을 창조하는 것도 당연한 일이다.

- 작업의 전제: 텔레비전에서 창조성이란 의견 충돌이 많은 토크 쇼나 리얼리티 프로그램, 논쟁적인 시트콤, 하드코어 드라마 등 점점 더 혁신적이고 선정적인 프로그램을 선보이는 것을 의미한다.
- 결합을 통한 해결책: 전통적인 TV 프로그램 중 유효성이 입증된 요소들을 사용해 뭔가 새로운 것을 만들어 낸다.

가령 켄 번즈(Ken Burns)를 보라. 이 걸출한 다큐멘터리 PD는 공영방송에 내보낼 시리즈 프로그램으로 야구, 재즈, 남북 전쟁 등 매우 고리타분한 소재를 다루었다. 그의 다큐멘터리 프로그램들은 TV 책(TV Book)에 나오는 가장 오래된 요소들 — 스틸 사진, 오래된 영상 자료, 중간 중간에 삽입되는 전환 음악(transitional music), 그리고 인터뷰를 하는 사람이 등장해 말하는 밋밋한 화면 — 을 결합해 놓은 것이다. 그러나 이 재료들을 하나로 결합할 때 그는 사람들의 이목을 집중시킬 뿐 아니라 뭔가 완전히 새로운 너무나 매력적인 묘약을 만들어 낸다.

주류 업계

- 한편 일분일초를 다투며 날로 치열해지고 있는 주류 업계의 경우, 주류 업자는 어떻게 이 치열한 경쟁을 뚫고 소비자들의 인정을 받을 수 있을까?

보드카의 경우를 살펴보자. 스미르노프(Smirnoff)나 스톨리(Stoli)

처럼 오랫동안 꾸준히 사랑을 받는 술들이 있는가 하면, 또 한편에
는 케텔 원(Ketel One)이나 그레이 구스(Grey Goose)처럼 새롭게 술
집들의 사랑을 얻은 술들이 있다. 여기에 소비자들의 선택을 한층
더 어렵게 만드는 것으로 값싼 보드카가 있는 반면 값비싼 보드카도
있고 러시안 보드카, 여러 번 증류한 보드카 등도 있다.

그렇다면 앱솔루트 보드카(Absolut vodka)는 이 모든 제품들로부
터 자신을 차별화하기 위해 어떤 방법을 취했을까? 앱솔루트는 자신
의 술맛을 돋우기 위해 시트론(citron), 감귤, 후추, 바닐라, 그리고
산딸기(raspberry) 등 여러 성분들을 혼합하기로 결정한다. 산딸기
보드카가 말이 되는가? 앱솔루트는 "당연히 된다(Absolut-ly)"고 말
한다.

그리고 앱솔루트의 성공은 경쟁자들에게 그들만의 결합을 도입하
도록 만들었다. 바로 이것이 구성 요소들을 결합함으로써 얻을 수
있는 창의력이다.

전체 제품을 결합하라

"어떤 제품들을 결합할 수 있을까?"

대부분의 회사들은 각 제품이나 서비스마다 독자적인 제품 관리
자와 마케팅팀, 홍보 프로그램, 그리고 손익 계산 담당자를 가지고
있다. 그러나 경우에 따라서는 제품이나 서비스를 통째로 합침으로
써, (그리고 필요하다면 조직의 구조와 경계를 파괴함으로써) 전혀 새로
운 제품 및 서비스를 창조해 낼 수도 있다.

다음은 우리 대부분이 매일 아침마다 겪는 혼란이다. "이 파란색 셔츠에 빨간색 넥타이를 매어야지. 아니, 아니야. 이렇게 입었다간 미쳐버리고 말거야. 대신 이 노란색 페이즐리 무늬의 넥타이는 어떤지 볼까?" 또는 당신이 직장 여성(또는 대담한 남성)이라면 "이 갈색 스커트에 연보라색 블라우스를 입어 봐야지."가 될 것이다.

요점은 '다양성' 이야말로 인생의 양념과도 같은 존재라는 것이다. 그리고 제품의 결합은 제품의 다양성을 획득하는 원천이 된다.

- 음료 업계에서는 (미안한 말이지만) 가능한 재료란 재료는 이미 모두 차와 주스에 사용된 바 있다. 딸기 차, 블루베리 차, 계피 차, 사과 – 크랜베리 주스, 바나나 – 베리 주스 등을 보라. 이제 더 이상 새로운 성분이란 (다시 한 번 미안한 말이지만) 이미 다 사라졌다고 할 수 있다.

그렇다면 이제는 제품 라인을 확장하기 위해 어떻게 해야 하는 것일까?

이제는 음료수 자체를 결합해야 한다. 이것이 바로 펩시코(PepsiCo)가 내린 선택이다. 펩시코는 차와 주스를 혼합하여 마티카(Matika)라는 이름의 전혀 새로운 음료수를 만들어 냈다. 음료의 5퍼센트를 홍차나 녹차, 사탕수수 그리고 인삼과 혼합하여 Skyhigh Berry, Dragonfruit Potion, Mythical Mango 등의 이름과 함께 내놓았다. 기존의 제품으로부터 새로운 음료수와 새로운 수익 가능성이 창출된 것이다.

- GM이 자신의 SUV를 픽업트럭과 결합하여 새로운 대형 SUV-픽업 트럭인 시보레 아발랑쉬(Chevrolet Avalanche)를 만들어 낼 수 있었던 것도 바로 이 방법을 통해서였다. GM은 믿을 순 있지만 세련되지는 못한 자동차 회사라는 자신의 고리타분한 이미지를 벗어나고 싶어했다. 그 회사가 자신의 이미지를 쇄신하기 위해 선택한 창의적인 방법은 바로 '결합' 이었다.

GM은 아발랑쉬 외에도 미니밴과 스포츠용 세단을 결합하여 또 다른 절충형 자동차인 뷰익 랑데부(Buick Rendezvous)를 만들어 냈다. 보수적인 회사에게 기존 제품들을 결합하는 것은 비교적 안전하게 창의성을 보여주는 방법이 된다.

그렇다고 창의적인 회사가 수익의 혁신을 위해 결합의 방도를 사용하지 않는다는 것은 아니다.

- 월트 디즈니 컴퍼니(Walt Disney Company)보다 더 창의적인 회사도 없을 것이다. 그러나 애너하임에 위치한 캘리포니아 어드벤처 놀이공원의 2001년 매출액이 부진을 면치 못하자 디즈니는 방문자 수를 증가시키기 위한 타개책으로 '결합'에 눈을 돌리기 시작했다. 디즈니는 캘리포니아 어드벤처에 온 고객들에게 인근의 디즈니랜드 놀이공원도 입장할 수 있도록 하는 새로운 티케팅 정책을 내놓았다. 하나의 입장권으로 두 개의 놀이공원을 입장할 수 있도록 함으로써 디즈니는 새로운 고객 유인 요소와 함께 새로운 매출 기회를 창출해 낼 수 있었다.

제품의 종류가 무엇이든 어느 정도 성숙한 제품이 처하는 딜레마는 어떻게 낡고 진부하며 평범해진 자신의 제품에 새 생명을 불어넣느냐이다. 한 가지 검증된 방법은 이미 한물 간 제품들을 조사한 다음 다른 제품과 결합시킴으로써 활기를 되찾는 것이다.

- HJ 하인즈(HJ Heinz) 사는 수년 동안 세계에서 가장 인정받는 케첩과 바비큐 소스를 생산해 왔다. 이 회사는 자신들의 소스가 새로운 고객을 계속 유인할 수 있도록 뭔가 소스에 활력소를 불어넣어야 했다.

그렇다면 하인즈는 그들의 소스를 개선하기 위해 어떻게 했을까? 그들은 소스에 술을 혼합하기로 했다. 2001년 하인즈는 브라운 포먼(Brown-Forman)의 잭 다니엘 위스키 제품과 결합해 유명한 테네시 위스키의 맛을 제공하는 새로운 바비큐 소스 세 가지를 선보였다.

그렇다고 어린이들이 이 새로운 소스가 들어간 햄버거를 먹고 술 취한 듯 비틀거릴 것이라고 걱정할 필요는 없다. 이 새로운 향은 무알콜이다. 모든 알콜 성분은 제조 과정에서 휘발되고 잭 다니엘의 풍부한 맛만 남기 때문이다.

만약 바비큐 소스를 산딸기 보드카나 술과 섞는 것이 언뜻 보기에는 말도 안 된다고 생각하는 분이 있다면 다시 한 번 생각해 보기 바란다. 서로 다른 두 제품을 결합하여 전혀 새로운 무언가를 창조하는 기술은 성공적인 혁신으로 가는 또 하나의 유력한 방법이다.

제품의 용도를 결합하라

"우리는 제품의 어떤 용도들을 서로 결합할 수 있을까?"

당신이 어느 도시에 막 도착했다고 가정해 보자. 밤은 늦었고 당신은 오랜 여행으로 인해 목이 마르다. 당신은 호텔에 들어가기 전에 음료수 한 병을 사기로 한다. 그러나 이렇게 하여 마침내 방에 도착했을 때 십중팔구 병따개가 없다는 사실을 발견하게 될 것이다.

이럴 경우 어떻게 하겠는가? 물론 당신은 재빨리 머리를 굴려, 방문을 잠그는 빗장을 병따개 대용으로 사용한다. 빗장에 병뚜껑을 거꾸로 하여 단단히 지지한 다음 조심스럽게 유리병을 잡아당기면 짜잔, 당신은 이제 신선한 음료수를 먹을 수 있게 된다.

이와 마찬가지로 (어쩌면 이와 마찬가지가 아닐 수도 있다) 당신 회사의 제품이나 서비스가 특정 기능을 수행하도록 고안되었다고 해서 그것을 다른 용도로 사용할 수 없다는 것은 아니다. 시간을 절약하기 위해 제품의 용도를 결합하는 것은 혁신에 이르는 또 다른 방법이다. 다음의 농구공과 화장지의 경우를 생각해 보자.

- 집 앞마당에서 농구를 하기 위해 서성거려 본 사람은 주차장에 있는 것이 오직 공기가 다 빠진 농구공 하나뿐일 때의 좌절을 잘 알 것이다. 공을 다시 부풀리기 위해 바늘을 찾는다는 것은 모래밭에서 바늘 찾기만큼이나 어렵다.

스팔딩(Spalding) 스포츠용품 회사는 이에 대한 해답을 찾아낸다. 즉 농구공과 바늘을 결합시키는 것이다. 스팔딩의 인퓨전(Infusion)

농구공은 안에 펌프 기술이 내장되어 있어 그냥 입으로 공기를 불어
넣고 사용할 수 있다.

- 농구공과는 전혀 다른 영역에서 킴벌리 클라크 코퍼레이션
  (Kimberly-Clark Corporation)은 성인용 화장지와 유아용 종이
  물수건을 제조하다가 지난 백년간 아무런 변화가 없던 화장지
  업계에 완전히 새로운 것을 들고 나타났다.

성인 네 명 중 한 명은 화장실에서 일을 본 후 물에 적신 화장지를
사용한다는 점에 착안하여 킴벌리 클라크 사는 코토넬 프레시 롤와
이프(Cottonelle Fresh Rollwipes)라는 성인용 물화장지 제품을 선보
였다. 기존의 화장지 기능과 물세척 기능을 하나로 결합시킨 이 제
품으로 킴벌리는 8억 달러 규모의 미국 물 화장지 시장에 대한 지배
력을 확장할 수 있게 되었다.

오래된 제품을 보유하고 있는 회사들, 특히 현대 신기술의 도전을
받고 있는 전통적인 제품의 생산자들은 제품의 용도를 결합함으로
써 그들의 제품을 활성화하는 것이 바람직할 것이다.

- 아주 오랜 전통을 지니고 있으면서도 점점 어려운 상황에 직면
  하고 있는 회사 중 하나가 바로 로체스터에 있는 이스트만 코
  닥(Eastman Kodak)이다. 코닥은 사진용 필름이 처음 나왔을 때
  부터 필름을 제공해 왔으나 지금은 후지(Fuji)와 다른 이들에게
  도전받고 있다. 오늘날 코닥은 보스톤의 신흥 주자 라이프에프
  엑스(LifeFX)와 손을 잡고 사진 이미지와 이메일을 하나로 결합

시키기로 했다. 그 결과 탄생한 페이스메일(Facemail)은 이미지와 글을 결합해 개인용 웹 사진 인사장을 보낸다. 여기에 오디오 기능도 곧 추가될 예정이다.

용도의 결합을 생각해 내는 것이 그렇게 꼭 기술적일 필요는 없다. 또한 제품이나 서비스를 대상으로 할 필요도 없다.

- 어떤 은행 지점들은 업무가 끝난 후 그들의 로비를 지역공동체의 모임 장소로 개방해 놓고 있다.
- 경영 컨설턴트들은 그들의 사내 잡지를 의뢰인들에게도 배포함으로써 대외 홍보의 도구로 사용하고 있다.
- 심지어 하키 경기 중간에 얼음 표면을 매끄럽게 만들어주는 정빙기도 광고 차량의 역할을 겸하고 있다.

제품과 서비스, 심지어 시설의 용도를 결합하는 기술은 회사에 혁신의 활력을 불어넣는 또 다른 방법 중 하나이다.

조직 기능을 결합하라

"우리는 회사의 어떤 부서나 기능들을 결합할 수 있을까?"

왜 지금의 방식대로 일을 하고 있는지 끊임없이 자문하지 않는 회사는 '제록스처럼 될(Xeroxed)' 가능성이 크다. 한 때는 훌륭한 경영과 안정된 운영의 대명사였던 제록스 사는 예전의 방식에 너무 얽

매인 나머지 지금은 생존까지 위협당하고 있다.

"우리는 항상 이런 식으로 일해 왔다"라는 말은 이제 더 이상 왜 어떤 회사가 특정한 방식으로 일을 하는지에 대한 충분한 설명이 되지 못한다. 제품과 서비스가 결합하여 새로운 혁신을 만들어 낼 수 있는 것처럼, 한 회사의 여러 기능들도 결합하여 새로운 효율성과 더 나은 고객 서비스를 만들어 낼 수 있다.

이것의 고전적인 예는 제품과 서비스 기능을 하나의 우산 밑으로 통합하는 것이다. 이 방법은 특히 장비 제조업체들 사이에서 인기가 높아져 가고 있다.

- 제너럴 일렉트릭사의 제트 엔진 사업부는 항공사에게 엔진을 판매할 때 특정한 계약 기간 동안 일정 수준 이상의 엔진 가동 시간을 보장해 준다.

그런데 어떻게 엔진의 가동 시간을 감히 보장할 수 있을까? 이를 위해 그 회사는 엔진을 판매할 때 부품과 수리, 교체 엔진, 심지어 재정적 지원까지, 비행기가 나는 데 드는 것이면 무엇이든지 이와 같은 지원 기능들을 하나로 결합하여 판매하는 방식을 취한다.

- GE의 경쟁사이자 보일러와 터빈을 제조하는 앨스톰 유에스에 이(Alstom USA)는 서비스의 지연과 관료주의를 최소화 하고 개별 고객들의 니즈를 충족시키기 위해 사내 여러 부서들을 결합시키는 데 열성적이다.

점점 자원이 줄어들고 있는 이 시대에 이보다 덜 고전적인 방법은 연관된 기능들을 통합하는 것이다. 이것은 내부의 기능을 하나로 결합시키는 것일 수도 있고 심지어 아웃소싱 된 기능을 회사 내부로 가져오는 것일 수도 있다.

- 보스톤 메디컬 센터(Boston Medical Center)는 매사추세츠에 있는 그 어떤 병원보다 가난한 사람들에게 더 많은 의료 서비스를 제공하는 병원인데, 이곳의 소아과 의사들은 영양부족에 걸리거나 부적절한 대우를 받는 아기들을 보는 것에 지친 나머지 직접 변호사를 데려와서 문제에 대처하기로 했다. 그들은 세 명의 변호사를 소아과 병동에 들여놓고 의사들이 보기에 아이들의 건강을 개선시키기 위해 꼭 필요하다고 여겨지는 법적, 행정적 다툼을 직접 처리하게 하였다. 이렇게 해서 변호사들은 소송 사건들에 가까이 접근하게 되었고 긴급한 문제에 신속히 대응할 수 있게 되었다.
- 텍사스의 라이프케어 달라스 병원(LifeCare Hospital of Dallas)은 급성 환자들을 치료하기 위한 혁신적 방법을 고안해 냈다. 그것은 정형외과, 종양학(oncology), 물리치료, 심리학 등 특정 환자의 건강 관리에 필요한 모든 관련 의학 분야를 한 팀으로 결합시켜 공동으로 작업하게 하는 것이었다.

이와 마찬가지로, 많은 회사들이 광고, 마케팅, 머천다이징, 홍보 등 판촉과 관계된 기능들을 하나로 묶는 통합 마케팅 부서를 구성하여 제품 및 서비스의 판촉 활동을 통합적으로 조율하고 있다.

비용을 절감하거나 대응력을 높이기 위해 법률 업무나 광고 및 홍보와 같은 외부 기능을 회사 내부로 가져오는 것이 더 효율적이라고 여기는 회사들도 많다.

- 제이시 페니(JC Penny)는 두 단계를 통해 이것을 달성했다. 첫 번째로, 그 회사는 광대한 법률 업무들을 일목요연하게 정리하고, 더 나은 기술 시스템과 법무 담당 직원을 통해 업무를 통합함으로써 담당 직원 수를 줄일 수 있었다. 그런 다음 자신이 고용한 150개 법률 회사들이 해온 일들을 모두 정리하고, 상당한 시간을 들여 몇 개 항목으로 구분하였다. 이러한 수고는 충분한 가치가 있었다. 이를 통해 제이시 페니는 외부 법률 업무를 자신이 선호하는 6개의 법률 회사로 통합할 수 있었다.

어떤 조직적 접근 방법이나 기능도 이 무한 경쟁과 자원 부족 시대에 성역으로 남겨둬서는 안 된다. 모든 것에 문제를 제기해야 한다. 더 나은 전체적인 결과를 위해 조직 기능을 결합하는 것은 이에 대한 답변 중 하나이다.

조직 자체를 결합하라

"우리는 어떻게 조직을 결합할 수 있을까?"

많은 사람들에게 '합병(merger)'이라는 말은 '밥그릇 싸움(food fight)'의 비명만큼이나 부정적인 의미로 받아들여진다. 합병은 종종

대폭적인 인원 감축, 나쁜 의도, 그리고 해결하는 데 몇 년이나 걸리
는 새로운 내부 갈등을 의미하기 때문이다.

- 전형적인 엘리트 변호사들인 영국의 클리포트 챈스(Clifford
  Chance)와 뉴욕의 로저스 앤 웰스(Rogers & Wells)는 하나의
  회사로 합병한 뒤 서로 죽일 듯이 싸웠다. 이들은 심지어 어느
  지적재산권 관련 소송에서 서로 상대방 의뢰인들의 변호를 맡
  기도 했다.
- 월스트리트의 오랜 라이벌인 체이스 맨해튼과 제이피 모건은
  합병을 통해 제이피 모건 체이스(J. P. Morgan Chase)가 되었
  다. 그러나 이름만 그럴듯할 뿐 새 회사는 전 직급에 걸쳐 서로
  헐뜯기와 견제하기로 얼룩졌다.

회사 전체의 합병은 많은 주의를 기울여 접근해야 한다. 간혹 회
사 간의 제휴도 이와 마찬가지이다. (가령, 포드 자동차Ford Motor
Company와 브리지스톤/파이어스톤Bridgestone/Firestone, Inc.의 경우
를 보라.)

그러나 이들은 잘 안 풀린 경우들이고 우리는 잘 풀린 경우들에
초점을 맞추도록 하자. 다른 누군가의 명성과 결합하는 것만으로도
회사는 급성장할 수 있다.

상업 분야에서는 제휴가 수없이 이루어진다.

- 성공적인 제휴 덕분에 메르세데스 벤츠(Mercedes-Benz)는 심
  지어 자신의 E Class 자동차를 직접 만들 필요도 없게 되었다.

최종 조립을 비롯해 이 자동차의 생산은 마그나 코퍼레이션(Magna Corporation)이 맡고 있다.

- 캔디 제조업체인 네슬레 USA는 베스트푸드(Bestfoods)의 스키피 피넛 버터(Skippy Peanut Butter)와 팀을 이뤄 피넛 버터와 젤리를 다음 단계로 발전시키는 데 합의했다. 이들의 자연스러운 결과로 피넛 버터가 든 네슬레 크런치가 탄생하였다. 그리고 네슬레 플러스 스키피(Nestle plus Skippy)도 놓쳐서는 안 될 자매품이다.

- 수부루(Suburu)는 야외 의류용품 회사인 엘엘빈(L.L. Bean)과 팀을 이뤄 엘엘빈 버전의 아웃백 스테이션 웨건(Outback Station Wagon)을 선보였다.

- 델(Dell)은 PC 매출 부진에 대처하기 위해 마이크로스프트와 인텔의 기업 로고를 델 컴퓨터에 싣는 판촉 전략을 세웠다.

비영리 분야에서도 똑같은 일이 일어나고 있다.

- 동부와 서부 해안에 위치한 일류 대학들인 하버드와 스탠포드는 강력한 라이벌 관계를 끝내고 그들의 경영대학 중 일부를 통합하기로 했다. 이 학교는 전 세계 회사들에게 대면 온라인 프로그램을 제공하는 독자적인 학교가 될 것이다.

- 듀크, 앨라배마, 아칸소 등 다른 대학들은 올텔(Alltel) 무선회사와 손을 잡고 학교 로고와 색상이 들어간 휴대 전화를 출시했다. 이를 통해 올텔은 매출이 30퍼센트 증가하였다.

- 플로리다 시트러스[10] 부서(Florida State Department of Citrus)

는 A.M. Braswell, Jr. Food Company와 결합해 플로리다 최고의 시트러스 열매를 사용해 새로운 시트러스 크리에이션 잼(Citrus Creations Jam)을 개발해 냈다. 이 잼의 매출 수입은 세금 인상을 통해 거둬들이는 수익보다 훨씬 많다.

 네트워크는 영세 및 대규모 서비스 제공자 모두에게 합리적인 일이다.

- 하모니 그룹(Harmonie Group)은 민사소송을 전문으로 하는 변호사가 12명에서부터 200명 이상에 이르기까지 다양한 규모로 이루어진 60개 법률 회사들의 네트워크다. 작은 규모의 회원들에게 하모니 그룹은 먼 지역의 고객들을 연결해 주는 리퍼럴 서비스(Referral Service)를 제공한다. 한편 대형 회원들에게는 단지 리퍼럴 고객뿐 아니라 잠재적 고객도 소개해 준다.

홍보, 마케팅, 경영 컨설팅, e 브랜딩, 그 외 수많은 서비스 분야에서도 이와 비슷한 네트워크를 찾아볼 수 있다.

어느 공항이나 쇼핑몰, 중심가, 그리고 영화 극장에서 볼 수 있는 배스킨 로빈스와 던킨 도너츠, 타코 벨과 네이던(Nathan's)의 결합은 그냥 우연히 일어나는 일이 아니다. 기업가들은 그러한 제휴 관계의 장점과 단점에 대해 심사숙고해 결정한다.

---

10 citrus는 감귤류 식물이나 그 열매를 뜻한다.

한 회사의 명성과 제품을 다른 회사와 결합하는 행위는 매우 합리
적일 때가 많다.

인터넷과 결합하라

"우리는 무엇을 인터넷과 결합할 수 있을까?"

인터넷을 주시하라. 인터넷은 모든 정보의 저장소이자 접근성이
가장 뛰어난 매체이다.

새로운 아이디어를 추구하는 회사라면 누구든지 어떻게 자신의
제품이나 서비스, 활동을 인터넷과 결합시킬 것인지 고려해야 한다.

"기존의 브랜드를 그냥 그대로 인터넷으로 확장할 것인가? 인터
넷에서도 같은 고객층을 겨냥할 것인가 아니면 다른 고객층을 겨냥
할 것인가? 가격은 어떻게 책정할 것인가? 고객을 유인하기 위해 어
떤 판촉 전략을 적용할 것인가? 그리고 고객이 일단 사이트에 들어
온 다음에는 어떤 인센티브를 제공할 것인가?" 이것들은 인터넷과
의 결합을 시도할 때 반드시 물어 봐야하는 질문들이다.

인터넷과의 결합은 책과 방송물에서부터, 망치와 못, 이탈리아식
수제 아이스크림인 젤라토(gelato)에 이르기까지 매우 광범위한 분
야에 걸쳐 있다.

- 반즈앤노블(Barnes & Noble)은 가장 강력한 인터넷 서점인 아
  마존닷컴(Amazon.com)과의 경쟁에 직면했을 때 굴복하지 않
  았다. 반즈앤노블은 자신의 새로운 경쟁자에 반즈앤노블닷컴

(Barnes-andnoble.com)으로 맞섰다. 둘 중 어느 서점도 상대방을 완벽하게 제압하고 있지는 못하지만 주식시장과 관련해서 보면 반즈 앤 노블의 인터넷 결합은 소매 시장에서 매우 훌륭한 전략이었다고 할 수 있다.

- 오피스 디포(Office Depot)는 한발 더 나아가 자신의 웹사이트와 오프라인 매장들을 긴밀하게 통합하여 하나의 완벽한 소매 네트워크를 만든다. 오피스 디포의 경영자들은 오피스디포닷컴(Officedepot.com)에 대해 이렇게 설명한다. "인터넷은 우리의 전체 사업 구조에 연결되는 또 하나의 채널일 뿐입니다."

- 필라델피아에 본부를 둔 트레이딩 시스템 회사 애시톤 테크놀로지(Ashton Technology)는 미국증권거래위원회의 공정공시제도(Fair Disclosure Rule)에 의해 주주들에 대한 정보 제공을 늘려야 했다. 애시톤 테코놀로지는 주주들에게 이메일로 CEO에게 질문을 보내도록 하고 월별 인터넷 방송을 통해 답변함으로써 이 새로운 요구 사항을 충족시켰다.

영화도 인터넷과의 결합을 통해 혁신을 도모하고 있다.

- 인터넷을 통한 영화 판촉에 있어 가장 성공한 사례는 아마 〈블레어 위치 프로젝트Blair Witch Project〉일 것이다. 35,000달러로 만들어진 이 소규모 호러 영화는 처음 한 달 만에 5천만 달러를 벌어들일 수 있었다. 어떻게 그럴 수 있었을까? 바로 온라인 판촉을 통해서였다.

이 영화의 젊은 감독들은 영화 개봉 1년 전에 www.blairwitch.com 이라는 웹사이트를 개설했다. 그것은 젊은 영화 감독들이 〈블레어 위치 프로젝트〉라는 영화를 촬영하던 도중 홀연히 사라진 일에 대한 철저히 사실주의적인 보고서였다. 그것은 일종의 예술을 모방하는 예술이었다.

〈블레어 위치 프로젝트〉는 이후 장편 영화를 판촉하는 데 있어 온라인 홍보를 하나의 의무사항으로 만들어놓는 첫 출발점이 되었다. 영화의 인터넷 프리뷰가 실제 영화보다 더 재미있다고 관객들이 불평하는 데에는 그리 오랜 시간이 걸리지 않았다.

2001년 스티븐 스필버그가 컴퓨터 생명체에 바치는 찬가인 〈A.I.〉가 바로 그런 경우였다. 스필버그는 영화에 대한 입소문을 만들어내기 위해 야심 찬 인터넷 게임을 내놓는다. 이 게임은 수많은 언론을 끌어들였고 열광 팬들을 만들어 냈다. 한 채팅 룸 단골을 한마디로 이렇게 요약한다. "게임은 위대했지만 영화는 쓰레기였다."

- 골드 카드, 플래티넘 카드, 슈퍼 플래티넘 카드 등을 도입한 아메리칸 익스프레스 사는 기존의 평범한 카드에 단지 마이크로 칩 하나를 추가함으로써 가장 위대한 혁신적 가능성에 도달할 수 있었다. 그 마이크로 칩은 카드 소지자에게 컴퓨터에 연결된 특별한 리더(reader)를 통해 안전하게 온라인 거래를 할 수 있도록 해 주었다. 아메리칸 익스프레스의 새 블루 크레딧 카드는 출시 15개월 만에 150만 명의 지갑 속으로 들어갔다.
- 그리고 만약 인터넷에서 아이스크림을 팔 수 있다면 인터넷으로 판매하지 못할 상품도 없을 것이다. IceCreamSource.com

은 자신의 온라인 상품이 100퍼센트 만족할 만한 냉동 상태로 배달될 것이라고 보장한다. 만약 소비자가 만족하지 않는다면 돈을 내지 않아도 된다. IceCreamSource.com은 밀크볼(milk ball) 젤라토를 포함해 거의 20개 브랜드, 200개 맛의 아이스크림을 판매하고 있다.

어떤 조직 활동이나 기능, 부서도 성공적인 혁신을 위해 인터넷과의 결합을 진지하게 고려해 봐야 한다.

이러한 창조적 결합에서 강점과 희망, 그리고 잠재적 보상을 얻을 수 있기 때문이다.

무엇을 확대하거나 축소할 수 있는가?

07

클수록 좋다. 우리가 원하는 것은 이거다.

치즈가 3장이나 든 푸드러커(Fuddrucker's)의 두툼한 1파운드짜리 치즈버거. 44온스들이 음료수가 콸콸 쏟아지는 세븐 일레븐의 슈퍼 빅 걸프(Super Big Gulps). 도로를 꽉 메울 만큼 커다란 SUV들. 엄마를 잃어버릴 만큼 큰 쇼핑몰. 일부 도시들보다도 더 팽창 중인 거대한 라스베가스의 호텔들. 크게 부풀려 올린 머리, 큰 기회와 대범한 태도. 그리고 텍사스.

오스틴 파워라면 이렇게 말했을 것이다. "오예~, 베이비!"

그러나 잠깐, 생각을 멈춰라. 우리의 생각이 틀릴 수도 있다.

작을수록 좋다. 우리가 원하는 것은 이거다.

손바닥에 쏙 들어오는 조그마한 핸드폰. 어디든 들고 갈 수 있는 초소형 카메라. 주머니와 서류 가방에 꼭 맞는 난쟁이 우산. 여행용 크기의 미니 샴푸와 치약. 3명의 직원과 컴퓨터 하나로 이루어진 가상 기업들. 암세포를 찾아낸 후 레이저로 죽이는 소형 스타트 폭탄이 달린 나노 의학(nanomedicine) 연구자들. 그리고 어느 작은 마을에서의 평온한 삶은 미국인들의 꿈이다.

오스틴 파워의 또 다른 자아, 닥터 이블(Dr. Evil)은 이렇게 말했을 것이다. "뭐니 뭐니 해도 미니미(Mini-Me)가 최고다."

작은 것이 아름답다. 그것이 바로 살 길이다.

이분법의 진실

진실은 우리가 큰 것과 작은 것을 모두 사랑한다는 것이다. 그것이 바로 현대인의 놀라운 이분법이다. 즉 우리는 규모와 구조에 있어 양극단을 모두 사랑하는 것이다.

뉴펀들랜드처럼 발끝을 세우고 올라선 저울의 무게가 64kg나 되는 큰 개에 대한 사람들의 반응은 어떤가? 수많은 사람들이 그런 개를 원하고 있다. 한편 요크셔테리어처럼 1kg밖에 안 되는 조그만 개들에 대한 반응은 또 어떤가? 이들의 인기도 가히 폭발적이다.

천 개의 방과 10개의 수영장, 그리고 8개의 식당을 갖춘 하와이의 대형 리조트에서 성수기에 방을 잡기란 하늘의 별따기이다. 한편 어느 시골길에 위치한 방 4개짜리 아늑한 베드 앤 브랙퍼스트(bed and breakfast)[1]의 상황은 어떤가? 안타깝지만 여기도 내년까지 예약이 완료되었다.

사실 미국은 항상 이러한 이중의 애정행각을 벌여왔다. 1880년대 당시 세계 최고의 부호였던 존 록펠러(John D. Rockefeller)는 40개의 관련 회사들을 인수해 스탠다드 석유 트러스트(Standard Oil Trust)를 만들었다. 이는 석유 탐사, 생산, 유통, 그리고 마케팅까지 총괄하는 전면적인 독점을 의미했다. 그는 '클수록 좋은' 시대의 빌 게이츠였다.

반면 현재 이 지구상에서 가장 큰 부호인 빌 게이츠에 대해 말하자면, 그의 기술은 '작을수록 좋은' 시대의 선구자이다. 컴퓨터는 수백만 메가바이트와 기가바이트를 저장하기 위해 매우 작은 회로판과 칩에 의존한다. 그리고 점점 더 작으면서도 더 빠르고 효율적이며 압축적인 무선 휴대용 컴퓨터와 절연칩(insulated chips)들이 다음 세대의 컴퓨터를 이끌어갈 것을 약속하고 있다.

사실상 이 모든 것을 고려해 봤을 때, 지금은 크거나 작을 것을 내놓을 절호의 시기이다. 그리고 뛰어난 아이디어맨이 되기 위해서는 이 모든 가능성들을 고려해 봐야 한다.

1. 더 크거나 또는 더 작게 만들어라.
2. 수를 늘이거나 줄여라.
3. 가능성을 최대화하거나 최소화하라.
4. 수명을 더 길게 혹은 더 짧게 만들어라.
5. 고객과의 관계를 더 확장하거나 더 제한시켜라.
6. 감각적 자극을 더 많이 주거나 더 적게 주어라.

---

1 조반 제공 숙박집을 뜻한다.

더 크거나 또는 더 작게 만들어라

인간은 큰 것을 성공과 위신, 그리고 리더십과 동일시하는 경향이 있다. 우리는 가장 큰 것을 존경하고 또 동경한다.

『마인드와칭: 왜 사람들은 지금과 같이 행동하는가Mindwatching: Why People Behave the Way They Do』에서 심리학자 한스와 마이클 아이젠크(Hans and Michael Eysenck)는 크기에 관한 한 유명한 실험을 소개한다. 미국의 대학생들에게 '미스터 잉글랜드(Mr. England)'라는 남자를 소개하면서 경우에 따라 그를 '캠브리지에서 온 학생' 또는 '캠브리지에서 온 교수'라고 설명했다. 그리고 난 후 학생들에게 그 남자의 키를 예상해 보라고 했더니 미스터 잉글랜드의 지위가 학생에서 교수로 올라감에 따라 학생들의 눈에 비친 그의 키는 무려 12센티미터나 증가했다.

이 잉글랜드 교수는 www.ThinkBig.com에서 마치 제 집에 온 듯 편안함을 느낄 것이다. 이곳은 사이즈가 큰 남성들의 패션을 책임지는 600개 의류 업체들의 온라인 사이트이다. 48XL 사이즈의 오스틴 리드(Austin Reed)[2] 남색 블레이저를 걸쳐 입은 그는 다음의 것들도 시도하고 싶어질 것이다.

- 아이들의 파티를 위해 부활절 달걀을 사고자 한다면, 뤼네떼쇼콜라(Lunettes et Chocolat)에서 무게가 3kg나 나가고 길이가 50센티미터나 하는 대형 초콜릿 부활절 달걀을 몇 개 사는 것

---

2 유럽최대의 남성복 전문점으로서 우아한 스포츠웨어 스타일과 코트에서 캐주얼웨어까지 다양한 제품을 취급한다.

은 어떨까? (달걀 하나에 200달러나 한다.)

- 왕성한 식욕을 채우기 위해 가까운 푸드러커에서 고기가 1파운
  드나 되는 햄버거를 사 먹는다. (6.99달러밖에 안 한다)
- 햄버거와 함께 먹을 음료수로 세븐 일레븐에서 44온스나 하는
  슈퍼 빅 걸프를 산다. 이제는 64온스의 더블 빅 걸프도 나왔다.
  그리고 서클 케이(Circle K)에 가면 2리터짜리 울티밋 써스트
  버스터(Ultimate Thirst Buster)가 나와 있고, 미국의 석유회사
  유노칼(Unocal)이 소유한 패스트 브레이크(Fast Break)에서도
  64온스짜리 파워 스플래시(Power Splash)를 살 수 있다.
- 사상(砂上) 요트(land yacht)[3]를 12차선 도로를 따라 몰아보는
  것은 어떨까? 이 거대한 4톤짜리 V-10 괴물은 태양을 완전히
  가려버릴 버릴 것이다.
- 그리고 마지막으로 매사추세츠 현대미술관(Museum of Con-
  temporary Art)을 방문하는 것으로 하루의 여정을 마치는 것이
  다. 이 박물관은 아마도 세계에서 가장 큰 시각 및 공연예술 센
  터일 것이다. (13에이커에 달하는 버려진 공단을 개조하여 만든 이
  박물관은 미식축구 경기장만한 전시 공간들을 여럿 갖추고 있다.)

큰 마인드를 가진 사람이라면 적어도 이 정도 코스는 되어야 하루
일과라고 부를 수 있을 것이다.

반면 이 모든 빅 사이즈 제품들로 지구를 가득 채우는 동안 한편
에서는 재밌는 일이 일어났다. 사람들과 회사, 산업들이 '작게 생각

---

3 모래 위를 바람으로 달리는 (바퀴 달린) 사상(砂上) 요트

하는 것'의 가치를 깨닫기 시작한 것이다.

• 생명공학 산업은 유전자들의 미시 과학을 발견해 냈다. 우리의
  몸은 이제 예전과 완전히 달라졌다.

그 자체로도 매우 미세하면서 효율적인 인간 세포들의 유전자 구
조에 근거한 유전 공학은 직경이 1mm의 100분의 1 정도 되는 세포
핵에 담긴 약 30억 개의 A와 C, G, T들을 구별해 내며 개별 세포들
의 유전자 구성을 항목화(categorizing) 하는 과정에 있다.

인간 게놈 프로젝트처럼 생명공학계의 DNA 시퀀싱 작업은 의료,
과학, 그리고 우리 자신에 대한 기존의 지식에 커다란 혁명을 가져
올 것이다. 이를 위해 연구자들은 우리를 움직이게 만드는 가장 작
은 단위들을 파헤쳐 내고 있다.

• 그러는 동안 인간 정신의 기술적 등가물인 컴퓨터 산업도 계속
  해서 극소화 되고 있다.

인텔은 데이터를 저장하는 플래시 메모리, 컴퓨팅 기능의 마이크
로프로세서 로직, 커뮤니케이션을 위한 아날로그 회로 등 3개의 컴
퓨터 프로세스를 하나로 결합하는 엘핀 칩(elfin chip)을 실험 중에
있다. 하이테크 산업은 21세기 전환기에 불어 닥친 거품 붕괴 이후
이러한 미니멀리즘적인 혁신에 부활의 기대를 걸고 있다.

• 소비자의 입장에서는 공룡만한 크기의 SUV가 어떻게 변했는

지도 눈여겨볼 만하다. 이 거대한 자동차들도 점점 작아지고 있다.

SUV 분야에서 진짜 변화는 지금까지의 SUV와는 정반대의 스펙트럼인 소위 소형 트럭(UTE) 분야에서 일어났다. 중간이나 소형 크기의 SUV들, 가령 포드의 이스케이프(Escape)나 도요타의 RAV4, 스바루(Subaru)의 포레스터(Forester) 등이 가장 잘 나가는 자동차 시장의 60퍼센트를 차지하게 되었다. 이 자동차들은 저렴하고 민첩하며 기름도 적게 든다. 혹시 또 아는가? 어쩌면 미국인들은 곧 다임러크라이슬러(DaimlerChrysler)의 새 스마트카(Smart Car)를 탈 준비가 되어있을지도 모른다. 98.4인치의 이 자동차는 폭스바겐의 비틀(Beetle)보다 40퍼센트 정도 더 작다.

- 금융서비스 분야에서 보면 예전의 자동인출기들은 은행 로비를 차지하는 크고 거추장스러운 기계들이었다. 그러나 오늘날 이들은 레스토랑과 슈퍼마켓, 그리고 고급 매장의 남자 화장실과 여자 화장실 사이에 놓이는 (예전에는 이곳을 담배 자판기가 차지했다) 날씬하고 산뜻한 현금 키오스크가 되었다.

그리고 전체 회사와 산업의 측면에서 보자면 때때로 거대 회사들을 따돌리는 소형 회사들도 주목할 만하다.

- 리만 브라더스(Lehman Brothers) 사는 투자 은행 업계에서 보기 드문 소형 업체이다. 190억 달러의 시가총액을 지닌 리만

브라더스는 시가총액 500억 달러의 메릴 린치(Merrill Lynch) 증권사와 710억 달러의 모건스탠리딘위터(Morgan Stanley Dean Witter & Co.)와 비교해 볼 때 아주 작은 회사이다.

그러나 2001년 메릴 린치와 모건스탠리, 골드만삭스(Goldman Sachs)가 적자를 내고 직원들을 해고했을 때 리만의 수익은 오히려 더 증가했고 직원 수는 더 늘어났다. 150년간 독립 은행이었던 리만은 작은 규모를 유지하며 한정된 시장에 집중하는 것이 괜히 덩치만 키우며 초점을 잃는 것보다 훨씬 더 합리적이라는 것을 보여주었다. 당신의 조직이 현재 제공하고 있는 것의 크기를 더 크거나 더 작게 만드는 방법을 생각해 보라. 그것은 확실한 혁신의 방법이 될 것이다.

수를 늘이거나 줄여라

미국에서 가장 큰 영화극장 체인 중 하나인 AMC 엔터테인먼트는 여러 음식을 맛볼 수 있는 뷔페와 비슷한 개념의 한 달용 영화 티켓을 판매하고 있다. 약 18달러면 당신은 매일 하루에 한 편씩 영화를 관람할 수 있는 영화관람 프리미엄 카드(MovieWatcher Premium Card)를 살 수 있다.

열혈 영화 팬에게 이것은 하루가 멀게 치솟는 영화 가격에 대한 확실한 구제책이 아닐 수 없다. 한편 AMC에게 이것은 사람들을 더 자주 영화관으로 데려올 수 있는 대량 구매 할인 정책이다. (관객이 늘어난다는 것은 팝콘과 음료수의 판매 증가를 의미한다.) 영화 산업은 최근 너무나 많은 영화 극장과 너무 적은 객석 점유율로 괴로워하고 있다. 그래서 더 많은 관객을 데려올 수만 있다면 극장주들은 어떤 것이든 환영할 것이다.

숫자를 늘리는 것은 사람들의 주의를 끌고 사업을 활성화시키는 확실한 방법 중 하나이다. 여러분들은 자동차의 앞면 와이퍼가 원래 하나밖에 없었다는 사실을 알고 있는가? 자동차 와이퍼가 두 개가 된 것은 자동차 제조업체들이 와이퍼의 수를 늘렸기 때문이다. (그리고 지금은 이 숫자가 모든 SUV에 장착된 후면 와이퍼까지 포함하여 세 개가 되었다.) 그로부터 얼마 안 가 최초의 "돈을 두배로 환불해 드립니다(Double Your Money Back)"라는 제안이 등장하였다.

그렇다면 당신도 지금 팔고 있는 것 중 두 개 또는 그 이상을 하나로 묶을 수 있는가? 극장의 친구들처럼 시도해 보기 전까진 어떤 일이 일어날지 아무도 모른다.

아니면 아예 반대로 '커뮤니케이션'부터 보자면, 현재 만들어 내고 있는 것을 줄이는 것이 나을지도 모른다. 많은 회사들이 너무나 많은 내용을 너무나 많은 사람들에게 너무나 자주 말하고 있다. 그 결과 그들의 메시지는 이리저리 뒤섞이게 되고 고객은 끊임없이 쏟아지는 커뮤니케이션 남발로 혼란에 빠지게 된다.

- 기자들은 그들에게 끊임없이 이메일 보도 자료를 보내는 회사들을 경멸한다. 얼마 안 가 리포터들은 그들의 메일함을 쉴 새 없이 공격해대는 회사들의 메일은 열어보지도 않는다.

이러한 이유에서 영리한 회사들은 언론이 실제로 사용하고 가치 있게 여길 중대한 메시지만 보도 자료로 보낸다. 이 회사들은 보도 자료와 연설, 기타 이와 관련된 판촉물의 수를 줄였기 때문에 종종 더 호의적인 대우를 받는다.

- 광고도 종종 감소의 대상이 되는 커뮤니케이션 매체이다. 케이블, 인터넷, 특정 업계 전문지 등 점점 특정 고객층을 겨냥한 온갖 새로운 형식의 미디어가 등장함에 따라 선택적인 틈새 광고가 대중매체를 통한 대대적인 광고보다 더 합리적인 경우가 많아졌다.

당신의 조직에서도 이와 마찬가지로 축소를 통해 특정 타겟층을 겨냥하도록 해야 할 전략적인 수단이나 제품이 있는가?

가능성을 최대화하거나 최소화하라

당신이 속한 전화 회사에서 새로운 전화 서비스를 개발했다고 가정해 보자. 당신의 임무는 이 새로운 서비스에 이름을 붙이는 일이다. 하지만 당신은 곤경에 처해 있다.

다행히 당신은 이 책의 3장을 읽었고 당신의 머릿속에는 아직도 "단지 보는 것만으로도 많은 것을 깨달을 수 있다."는 요기 베라의 지혜가 메아리치고 있다.

당신은 당신 주변의 제품 및 서비스들의 이름을 쭉 구경하다가 곧 다음의 사실을 발견한다. 즉 많은 이름들이 그 브랜드의 속성이나 특징을 설명하는 두 개의 단어를 단지 혼합해 놓은 복합어로 되어 있는 것이다. 이러한 단어들의 혼합은 거리의 뉴스 판매대에도 있다. 뉴스와 위크를 합쳐 만든 『뉴스위크Newsweek』를 보라. 또 시티뱅크와 이지 패스처럼 길모퉁이와 톨게이트 부스에서도 찾아볼 수 있다. 체육관에 들어가면 대형 스포츠 운동기구 회사인 스태어마스터(Stairmaster)도 그렇고 이 책의 원서 제목도 바로 아이디어와이즈(IdeaWise)이다.

사실 이러한 예는 도처에 있다. 어스그레인즈(Earthgrains)[4], 아쿠아피나(Aquafina)[5], 데이터스코프(Datascope), 스낵웰스(Snackwell's), 웰포인트(Wellpoint)[6], 헬스사우스(HealthSouth)[7] 등.

당신은 곧 당신의 팀도 이렇게 할 수 있다는 사실을 깨닫는다. 당신도 이 기술을 빌려와 핵심 단어들을 결합해 새 이름으로 바꿀 수 있다.

당신의 팀은 이미 새 전화 서비스에 적용할 수 있는 단어를 10개나 가지고 있다. 이들을 알파벳 순서로 정리하면 다음과 같다. access, bridge, clear, connect, direct, express, flash, global, link, reach.

아름다운 광경은 바로 이제부터 시작한다. 가정용 컴퓨터로도 당신은 간단한 구성주의적 언어학 프로그램을 돌려볼 수 있다. 이 프

---

4 식품업체 이름
5 펩시코가 내놓은 생수제품의 이름
6 미국 최대 의료보험업체의 이름
7 미국 최대의 건강 의료기 공급회사의 이름

로그램에 이 단어들을 집어 넣으면 각 단어는 다른 단어들과 조합을 형성하기 시작한다.

빙고! 이제 당신은 당신의 가능성을 대폭 확대할 수 있게 되었다.

AccessBridge	ClearConnect	DirectExpress
AccessClear	ClearDirect	DirectFlash
AccessConnect	ClearExpress	DirectGlobal
AccessDirect	ClearFlash	DirectLink
AccessExpress	ClearGlobal	DirectReach
AccessFlash	ClearLink	ExpressAccess
AccessGlobal	ClearReach	ExpressBridge
AccessLink	ConnectAccess	ExpressClear
AccessReach	ConnectBridge	ExpressConnect
BridgeAccess	ConnectClear	ExpressDirect
BridgeClear	ConnectDirect	ExpressFlash
BridgeConnect	ConnectExpress	ExpressGlobal
BridgeDirect	ConnectFlash	ExpressLink
BridgeExpress	ConnectGlobal	ExpressReach
BridgeFlash	ConnectLink	FlashAccess
BridgeGlobal	ConnectReach	FlashBridge
BridgeLink	DirectAccess	FlashClear
BridgeReach	DirectBridge	FlashConnect
ClearAccess	DirectClear	FlashDirect
ClearBridge	DirectConnect	FlashExpress

FlashGlobal	GlobalLink	LinkReach
FlashLink	GlobalReach	ReachAccess
FlashReach	LinkAccess	ReachBridge
GlobalAccess	LinkBridge	ReachClear
GlobalBridge	LinkClear	ReachConnect
GlobalClear	LinkConnect	ReachDirect
GlobalConnect	LinkDirect	ReachExpressRe
GlobalDirect	LinkExpress	achFlash
GlobalExpress	LinkFlash	ReachGlobal
GlobalFlash	LinkGlobal	ReachLink

한편, 때에 따라서는 경영이나 마케팅의 가능성을 축소하는 것이 더 합리적일 때도 있다. 새로 부임한 CEO가 자리에 오르자마자 기존의 경영진들을 대거 축소하는 것에는 바로 이러한 논리가 깔려있다. 여기서의 목표는 조직이 너무 관료화되거나 과도한 서류절차 등으로 둔해지게 되는 가능성을 최소화하는 것이다.

- 2001년 GE 출신의 밥 나델리(Bob Nardelli)가 새롭게 홈 디포의 경영을 맡기로 했을 때 그는 회사가 잘 돌아가고 있음에도 불구하고 그가 물려받은 것을 그대로 수용하지 않기로 했다.

CEO 자리에 오른 첫 6주 동안 그는 다섯 개 사업부의 부사장들을 불러들인 후 전면 개편을 단행했다. 부사장들은 그동안 그들의 사업부를 독립적으로 운영해 왔다. 나태함의 가능성은 감소되었고 창립자들은 기뻐했다.

마케팅 측면에서 보자면 가능성의 축소는 또한 지난 수년 간 무한히 증가했던 모든 제품과 서비스들을 간결하게 정리하는 것을 의미하기도 한다.

- 이것이 바로 프록터 & 갬블(Procter & Gamble) 사가 서른 한 가지 종류의 헤드 & 숄더 샴푸와 52개 버전의 크레스트 치약에 단행한 일이었다. P&G의 회장은 이렇게 말한다. "우리가 소비자들에게 얼마나 큰 혼란을 주었는지는 상상을 초월한다."

그래서 그의 회사는 가능성들을 줄여 나갔다. P&G는 제품 포뮬라를 표준화시키고 복잡한 거래와 쿠폰을 감소시켰으며 주변적인 브랜드들을 제거하고 제품 라인을 대폭 축소했다. 또한 신상품 출시도 억제했다. 이렇게 제품을 간소화하는 데 꼬박 5년이 걸렸다. 그러나 이 과정을 모두 끝내자 좀더 날씬하고 수익성 높은 프록터 & 갬블 사로 다시 태어났다.

선택은 멋진 일이다. 하지만 그것이 회사의 실적을 방해할 때는 그렇지 않다. 경우에 따라서는 선택 가능성들을 줄여 나가는 것이 회사가 우수한 실적을 올리기 위해 필요한 것일 수도 있다.

수명을 더 길게 혹은 더 짧게 만들어라

건전지의 수명이 떨어지지 않고 계속 지속될 수 있다면 얼마나 좋을까?

우리의 휴대폰과 노트북을 작동시키는 건전지는 너무나 자주 플러그에 꽂고 충전시켜 줘야 한다. 이를테면 이들은 무선 세계의 아킬레스건이다.

- 하지만 워커홀릭들에게 반가운 소식이 있다. MIT 과학자들에 따르면, 현재 추진되고 있는 혁신을 통해 충전용 건전지의 효율성이 향후 2~3년 사이에 두 배로, 그리고 5년 후에는 4배까지 향상될 수 있다고 한다.

그런 수준이라면 밤새 노트북을 충전시킨 후 다음 날 하루 종일 켜둘 수 있게 될 지도 모른다.

휴대폰과 캠코더에서부터 각종 전기 공구에 이르기까지 건전지로 작동하는 대부분의 장치들은 1991년에 등장한 리튬 이온 건전지 기술을 사용하고 있다. 리튬은 민감한 금속으로서 특히 재빨리 에너지를 저장하고 방출하는 데 뛰어나다.

건전지의 신 개념은 가볍고 얇을수록 강력하고 오래간다는 등식에 기반하고 있다. 결국 우리는 어떤 형태로도 변형될 수 있을 만큼 충분히 유연한 리튬 폴리머 건전지를 갖게 될지도 모른다. 더 나아가 과학자들은 소형 메탄올 연료 전지까지 제안하고 있다. 특이한 건전지를 원한다면, UC 버클리 대학에 설치된 '나노 엔진'을 눈여겨 보라. 언젠가 핀의 머리 크기만 한 휴대폰용 엔진이 나올지도 모른다.

나노 엔진은 사실 나노(nano)라는 거대한 빙산의 일각에 불과하다. 나노 기술은 미세 세계에 대한 과학 연구를 주도해 나가고 있다. 나노 기술은 사물을 나노미터 단위로 측정한다. 이는 인간 머리카락 두께의 100,000분의 1의 길이를 말한다.

나노 기술의 서광과 함께 미래의 전자 시스템은 오늘날보다 천 배는 더 정밀해지고 훨씬 더 저렴해 질 수 있다. 그 어떤 시스템보다 수명이 긴 나노 시스템의 잠재성은 생물학, 과학 기술, 그리고 다른 분야에서도 막대하지 않을 수 없다.

반면 어떤 제품과 서비스는 사용 기간이 더 짧아졌다. 어른들이 사용하는 일회용 카메라와 라이터에서부터 어린이들을 위한 1인용 마카로니와 치즈 분량, 그리고 호텔에서 볼 수 있는 스카치와 보드카는 말할 것도 없고 작은 병에 담긴 샴푸와 린스까지 사용 기간이 단축된 제품들도 현명한 아이디어 사례들이 아닐 수 없다.

고객과의 관계를 더 확장하거나 더 제한하라

새 고객을 얻는 것은 기존의 고객을 유지하는 것보다 대여섯 배는 힘들다.

그러므로 당신의 업종이 무엇이든 가장 큰 희망을 걸어야 할 곳은 바로 기존 고객이다. 어떤 이들은 이것을 교차 판매(cross-selling, 혹은 끼워 팔기)라 부르기도 하고, 어떤 이들은 이것을 자산 총합(asset-aggregation)이라 부르기도 한다. 우리는 이것을 고객 관계의 확장이라 부르고자 한다. 고객과의 관계를 확장하는 것은 좀더 오래 지속되고 좀더 많은 이윤을 남기는 관계로 가는 최선의 길이다.

그러나 관계를 확장하는 것은 그냥 일어나지 않는다. 당신이 하는 일 중 고객들이 필요로 하지만 아직 돈을 지불하지는 않는 것에 대한 분석이 필요하다. 고객들에게 당신과의 관계를 확장할 수 있도록 소개하고 부추겨야 한다. 그리고 부추기는 역할은 바로 당신에게 달려있다.

반면, 당신이 보유하고 있는 고객의 20퍼센트가 당신이 얻는 총 이윤의 80퍼센트를 차지하는 경우가 많기 때문에 당신의 조직은 고객을 제한하는 것에도 마찬가지의 노력을 기울여야 할 것이다. (아! 이 얼마나 가슴 아픈 일인가!) 기본적으로 이것은 이윤의 20퍼센트를 차지하는 나머지 80퍼센트 고객들에게 서비스를 제한하고 더 이상 특전을 제공하지 않으며 가격을 올리는 것을 의미한다. 이것은 당신이 아끼는 고객들을 위해 서비스와 혜택을 확대하고 가격을 낮추는 것만큼 즐거운 일은 아닐 수 있지만 반드시 필요한 일이다.

고객과의 관계를 제한하는 것은 한편으로 '소득 수준이 낮은 고객층을 목표로 하는 것'과도 관련 있다. 간혹 먹이사슬의 반대편 끝에 있는 고객들이야말로 어서 발견되기를 기다리는 노다지들일 수도 있다. (이들은 종종 대부분의 회사가 간과했던 사람들이다.)

- 수표 현금화(check cashing)[8] 산업은 미국 사회에서 아직 알려지지 않은 노다지 금융 사업 중 하나이다.

은행들이 들어가기 꺼려하는 내륙 지방에까지 사무실을 두고 있는 체크 캐셔(check cashier)들은 은행 구좌가 없는 사람들의 수표를 현금으로 바꿔준다. 그들은 수표의 상당 부분을 수수료로 공제한 후 나머지 액수를 고객들에게 돌려준다. 경제적 하위층들의 금융 서비스를 다루면서 성장한 그들은 점차 서비스를 확대하여 전자 고지서 납부, 대출, 기타 수익성 높은 추가 서비스들까지 제공하고 있다.

- 소매업체들도 가난한 서민들에게 손을 대기 시작했다. 브라질의 파격적인 백화점이자 슈퍼마켓 체인인 야마다 그룹(Yamada Group)은 브라질 빈민들에게 야마다 신용카드를 제공한다. 이 빈민들이란 아마존의 거대한 비공식적 경제에서 힘들게 일하고 있는 사람들이다.

야마다의 신용카드는 야마다 매장에서만 사용이 가능하다. 야마다의 주요 고객층을 이루는 어부, 코코넛 상인, 금광 채굴자, 길거리 행상인들에게 이 카드는 멋진 아이디어가 아닐 수 없다.

이 카드는 야마다 측에서 봤을 때도 괜찮은 사업인데 왜냐하면 평균보다 낮은 체납율과 평균보다 높은 수익률을 가져다 주기 때문이다. 야마다의 전무이사에 따르면 이 회사의 서민 고객들은 신용카드를 너무나 소중히 여기기 때문에 대금을 즉시 지불한다고 한다.

- 이와 유사한 사례로, 샌프란시스코에 근거지를 둔 유나이티드

---

8 수표(Check)는 미국에서 가장 일반적인 지불수단의 하나이다. 수표를 현금화하기 위해서는 일련의 프로세스가 필요하다. 먼저 수표를 자신의 은행구좌에 입금을 하면, 해당 은행에서 수표를 발행한 상대방의 구좌에서 돈을 확인하고, 대개 하루가 지난 후 입금한 돈을 현금으로 찾는 식으로 진행된다. 즉, 수표를 현금화할 때는 은행에 구좌가 있어야 하는 것이다. 그런데, 구좌가 없는 경우에는 입금을 못한다. 이럴 경우 이를 Check Cashing하는 업소에 가져다주고 수수료를 뗀 후 현금을 받게 된다. 수수료는 원래 법적으로는 1퍼센트 정도지만, 실제로는 3–5퍼센트하는 경우도 있다. 은행구좌가 없는 사람들, 즉 불법 체류자나 은행거래가 익숙지 않은 남미계통의 사람들이 많이 이용한다.

커머셜뱅크(United Commercial Bank)가 있다. 이 은행은 자신이 주변의 덩치 큰 은행들인 웰스파고(Wells Fargo)나 뱅크오브아메리카(Bank of America)와 경쟁할 수 없다는 사실을 잘 알고 있다. 그래서 그 은행은 이 두 은행이 손대지 않을 새로운 고객층인 중국인 이민자들에게 집중하기로 한다. 이들 중 75퍼센트는 신용 기록이 없다.

야마다처럼 특별 고객층을 상대로 한 UCB 대출 사업의 채무불이행 비율은 미국 평균의 10분의 1에 불과하다. 게다가 이민자가 어느 정도 자리를 잡고 더 많은 수입을 벌어들이기 시작하면 그 이민자는 UCB의 평생 고객이 된다. UCB의 CEO 토머스 우(Thomas Wu)에게 아무런 검증도 거치지 않은 이민자들에게 주목한다는 것은 매우 자연스러운 일이다. 10년 전 그가 홍콩에서 미국으로 건너왔을 때에도 신용을 받을 수 없었기 때문이다.

이처럼 고객의 문턱을 낮추는 것은 사업적으로 매우 합리적인 일이다. 당신의 회사도 고객층을 확대하거나 제한하는 것은 어떨까?

감각적 자극을 더 많이 주거나 더 적게 주어라

모든 운전자들이 휴대폰을 귀에 꽂고 운전하고, 모든 샤워실에서 향기가 나는 비누를 사용하며, 모든 미국인의 밥상에서 타바스코(Tabasco)[9]가 등장하는 오늘날처럼 쉴 새 없는 자극의 시대에는 감각적 자극이 많으면 많을수록 좋다.

1960년대 히피들은 이렇게 외쳤다. "머리를 살찌워라."

오늘날의 외침은 아마 후각, 청각, 미각, 촉각 등 "감각을 살찌워라"가 맞을 것이다. 그리고 모든 마케터 및 매니저들이 가지고 있는 실문은 아마 "어떻게 우리 제품의 감가적 자극을 증가시킬 수 있을까?"일 것이다.

- 매운 맛 치킨은 오늘날의 새로운 인기 상품인 '매운 음식'의 일부이다. 파파이스 치킨은 강한 맛을 지닌 케이준 스타일의 후라이드 치킨을 제공한다. "우리는 미국을 밋밋한 치킨으로부터 구해 내기 위해 존재한다." 파파이스의 TV 광고는 이렇게 말한다.

파파이스가 배정한 1,200만 달러의 광고 예산은 파파이스의 덩치 큰 경쟁자인 KFC와 비교하면 보잘 것 없는 금액이다. 하지만 '강렬한 맛'이란 컨셉은 뚜렷한 차별화를 만들어 내는 요소로서 이를 통해 파파이스는 치킨 레스토랑 업계에서 처치 치킨(Church's Chicken)과 칙 필 에이(Chick-Fil-A)를 제치고 KFC 다음으로 2위의 자리에 오를 수 있었다.

미국인들의 입맛은 멕시코 음식, 태국 음식, 캐리비언 음식 등 더 많은 자극을 맞이할 준비가 되어 있다.

- 이 외에 화장품에서부터 세안제, 커피, 향수에 이르기까지 온

---

9 타바스코(Tabasco)는 멕시코 남동부의 주(州) 이름에서 유래한 고추 소스의 상표명이다.

갖 아로마 제품들도 나와 있다. 오늘날 소비재에서의 혁신은 종종 새로운 제품보다는 기존의 제품에 새로운 맛이나 향을 첨가하는 방식으로 이루어지는 경우가 많다.

- 촉감에 관해 말하자면, 기업들은 차민(Charmin) 화장지보다 앞서 '아주 부드러운' 방식으로 제품들을 만들어 왔다. 너프볼 (Nerf ball)을 비롯해 스트레스를 제거하는 온갖 책상용 제품들을 발명해 낸 사람은 수백만 달러를 벌어들였다.

- 청각적 감각을 증대시키는 것에 관해 말하자면, 당신은 혹시 랩이나 락, 힙합을 들으며 물구나무를 선 십대에게 다가가 본 적이 있는가? 정말 그렇게 시끄러울 수가 없다. 이곳의 논리에 따르면 시끄러운 랩일수록 더욱 예리하고 위협적인 노래를 의미한다. 이것은 랩과 힙합의 세계에서는 '더할 나위 없이 좋은 것'을 뜻한다. 그러니 시끄러움을 자랑으로 삼아라.

당신의 제품이나 사업에서도 '열'이나 볼륨을 더 높일 수 있는 부분이 있는가? 당신이 이미 하고 있는 것을 어떤 방식으로든 강조하는 방법을 생각해 보라.

반면 감각적 자극을 줄이는 것은 이보다 조금 더 까다롭다. 하지만 불가능한 것은 아니다. 가령 맛을 제거하면 좀더 맛이 쓴 제품이 만들어진다. 그러나 어떤 경우에는 맛이 쓸수록 좋을 수도 있다. 더 쓴 레몬과 오렌지, 포도는 모두 인기 있는 음료수, 사탕, 파이의 맛들이다.

- 오렌지나(Orangina)는 어머니 세대를 위한 오렌지 주스가 아니

다. 그것은 다른 밍밍한 오렌지 주스들보다 좀더 시큼하고 톡 쏘며 강렬한 맛을 지녔다.

- 한편 M&M은 입에서 사르르 녹을지 모르지만 워헤드(Warhead)는 딩신의 입을 확실히 움찔하게 만들 것이다. 체리 맛, 수박 맛 등 다양한 맛의 하드 캔디들은 지난 수년 간 쓴 맛을 찾는 십대들의 선택을 받아왔다.

청각적 자극을 감소시키는 것으로 소위 '무드 음악' 이라 불리는 음악들의 부활도 있다. 예전에는 이것이 시나트라, 베네트, 코모의 음악을 뜻했을 것이다. 오늘날 이것은 수도원에서 부를 것 같은 노래, 합창, 그리고 야니(Yanni)의 음악을 뜻한다.

당신의 제품이나 서비스가 갖고 있는 감각적 자극을 더 높이거나 감소시키는 것은 매우 정교한 작업을 요하는 것이다. 하지만 아이디어 혁신의 원천으로 이 방법을 고려해 볼 충분한 가치가 있다.

거인국에 살거나 소인국에 살거나

크기를 더 크게 만드는 것은 제품이나 서비스를 더 긍정적으로 변화시키는 표준적인 방법이 되었다.

"슈퍼사이즈로 해 주세요"라는 말은 맥도널드의 귀에는 마치 달콤한 음악처럼 들릴 것이다.

한편 크기를 작게 만드는 것도 똑같이 생산적일 수 있다.

"한 장짜리 메모로 정리해서 올리세요"는 프록터 & 갬블이 자신의 관리자들에게 하는 말이다.

더하고, 증폭하고, 확대하고, 더 시끄럽게 하고, 더 길게 하고, 또는 더 맛있게 하는 것은 모두 혁신을 가져오는 좋은 방법일 수 있다.

한편 빼고, 축소시키고, 제한하고, 더 부드럽게 하고, 더 짧게 하고, 또는 맛이 더 쓰게 하는 것도 이와 마찬가지로 훌륭한 방법일 수 있다.

뛰어난 아이디어맨에게는 어떠한 한계도 있을 수 없다.

다른 무엇이
될 수
있는가?

만약.

08

암앤해머(Arm & Hammer)는 평범한 베이킹 소다를 냉장고 탈취제, 겨드랑이 탈취제, 그리고 치약의 한 성분으로 바꿔 놓았다.

나무를 널빤지로 바꿀 때에는 그 부산물로 엄청난 양의 톱밥이 생산된다. 어떤 이는 똑똑하게도 쓰레기에 불과하던 이 모든 톱밥들을 압축하여 장작으로 만드는 생각을 해 낸다.

〈일 펜세로소II Pensieroso〉[1]라는 미켈란젤로의 조각을 처음 보고 너무나 감명 받은 나머지 작곡가 프란츠 리스트(Franz Liszt)는 그 시각적 이미지를 음악 작품으로 바꿔 놓았다.

당신에게 이미 무언가가 있다고 하자. 또는 당신이 이미 무언가를 만들어 냈거나 소유하고 있거나 목격했다고 치자. 그것은 다른

---

1 펜세로소는 '생각에 잠긴 자' 라는 뜻이다. 턱에 얼굴을 받친 자세로 앉아 있는 로렌초 데 메디치 좌상을 보고 동시대인들이 붙인 별명이다.

무엇이 될 수 있을까?

어쩌면 그것은 수백만 달러의 산업이 될 수도 있다. 평범한 탄산수소나트륨(즉 베이킹 소다)도 이런 경우였다.

그리고 위에서 언급했듯이 톱밥 쓰레기의 경우도 있다. 당신의 쓰레기도 분명 가치가 있을 것이다. 목재 쓰레기는 그 자체로 1억 6천만 톤의 산업이 되었다.

의아해하는 독자들을 위해 톱밥이나 나무 조각, 나무 부스러기 및 파편들이 어떤 곳에 쓰이는지 좀더 자세히 설명해 드리도록 하겠다.

- 가축용 깔갯짚
- 상업 및 공익, 지방자치단체 시설에 설치된 보일러의 연료
- 건축용 합판
- 갓 심은 작물이나 나무를 보호하는 뿌리 덮개
- 포장 속을 채우는 물건
- 애완동물용 깔갯짚
- 화분용 영양토
- 도로 건축용 골재
- 진흙이나 모래 토양을 위한 비료
- 그리고 광고에서 흔히 말하듯 '훨씬 더 많은' 다른 용도들이 있다.

변신 장난감

변신은 하스브로 토이즈(Hasbro Toys)에게는 보배와도 같은 것이다.

15년 동안 가장 많은 인기를 누린 액션 피겨(action figure) 시리즈 중 하나가 바로 온갖 형태로 변신이 가능한 하스브로의 트랜스포머(Transformers)이기 때문이다.

장난감 세계에 별로 친숙하지 않으신 분들은 트랜스포머 비스트 머신(Transformer Beast Machines)의 최근 시나리오에 대해 잘 모르실 수도 있다. 하지만 걱정할 필요 없다. (비스트워Beast Wars에서 갓 빠져나온) 영웅적인 맥시말(Maximal)들은 그들의 고향인 사이버트론 행성으로 돌아오지만 새로운 악당들을 만나게 된다. 이 악당들의 이름은 프레데콘(Predacons)과 이들이 이끄는 트랜스포머 차량 군단인 비이콘(Vehicons)이다.

이 장난감들이 아이들의 흥미를 끄는 이유는 무엇일까?

부분적으로는 뚜렷한 선악의 구분 때문일 것이다. 또 상상력이 매우 풍부한 이름들과 외계인 형상 때문일 수도 있다. 그리고 언제나 그랬듯이 약간의 폭력도 한몫할 것이다.

하지만 가장 주요하게는 이 장난감의 컨셉 때문이다. 왜냐하면 아이들은 "또 어떻게 변신할 수 있을까?"라고 묻게 마련이고 이 기계들은 이 질문에 순응하며 기꺼이 다른 것이 되기 때문이다. (싸움 모드에서 한 트랜스포머는 처음에는 비스트였다가 하이퍼소닉 공격 모드로 바뀐 다음 다시 지상 공격군 모드가 되었다가 마침내 슈퍼 로봇으로 변신한다.)

미국 펜실베니아 대학의 명문 비즈니스 스쿨인 와튼 스쿨(Wharton School)의 관점에서 볼 때 흥미로운 것은 이러한 변화가 처음부터 장난감 자체에 내장되어 있었다는 것이다. 엄청난 수익을 가져다주는 이 장난감 제품은 변신을 사업의 초점으로 삼았다. 트랜스포머 장난감에게 변화는 여러 개 중 하나가 아니라 단 하나의 핵심을 의미한다.

"또 무엇이 될 수 있어?"라고 묻는 것은 모두 이러한 변신에 관한 것이다. 배우들이 어떻게 다른 사람이 '되는지'를 생각해 보라. 그들은 스스로를 변화시킨다. 그리하여 새 역할을 연기해 내는 것이다.

당신의 서비스나 제품도 다음의 새로운 역할 중 한 가지를 할 수 있는가? 혹은 당신의 부서나 회사는 어떤가?

1. 기존 제품의 새로운 용도
2. 사업의 새로운 초점
3. 유통의 새로운 방법
4. 고객을 바라보는 새로운 방법
5. 폐물의 새로운 용도
6. 남을 돕는 새로운 방법
7. 건물의 새로운 용도

기존 제품의 새로운 용도

남부 캘리포니아에 위치한 어느 맥도널드 체인점에서는 드라이브

스루(drive-through)[2]에 전자 통행료 징수 방식을 활용하기로 했다. "후렌치 프라이를 추가하시겠습니까?"란 유명한 문구는 "트랜스폰더로 계산하시겠습니까?"로 대체되었다. (이러한 아이디어는 맥도널드 가맹점들과의 정기적인 브레인스토밍 자리에서 나왔다.)

플로리다 올랜도의 디즈니 MGM 스튜디오에서 근무하는 이매지니어(imagineers, 'imagine' 과 'engineer' 의 합성어이다)들은 드라이브인(drive-in)[3] 영화극장을 레스토랑으로 바꿔 놓았다. 가장 잘 나가는 관광 명소 중 하나인 싸이파이 다인 인 씨어터(SciFi Dine-In Theater)는 한밤의 야외 공원을 연상케 하는 동굴처럼 어두컴컴한 실내 인테리어에, 천정이 개방된 자동차 좌석들을 마련해 놓고 있다. 이와 함께 대형 스크린에서는 B급 영화 예고편들이 나온다.

기존의 제품을 새롭게 사용하는 것은 오래된 사업 방식 중 하나이다.

- 조지 워싱턴 카버(Geroge Washington Carver)[4]는 땅콩을 사용할 수 있는 300가지 방법을 생각해 냈다.
- 전화는 물론 처음에도 전화였다. 그러나 세월이 흐르면서 7개의 숫자를 누르면 음성 녹음기에서 시간이나 날씨, 스포츠, 운세, 그 외 무엇이든지 알려 주게 된다. 이들 각각은 전화 회사에 엄청난 수입을 가져다 주었다.
- 섬유 유리는 낚싯대, 음향 차단제, 방화재(fireproofing), 공기

---

2 드라이브 스루란 서행으로 계속 운전해 나가면서 품목을 주문하고 출품 창구에서 주문품을 받고 계산하는 식당이나 세탁소 등의 가게 또는 그런 방식을 말한다.
3 드라이브인이란 차에 탄 채 이용할 수 있는 영화관·은행·상점·간이식당 등이나 그런 방식을 의미한다.
4 유명한 농학자로서 수많은 발명품 중에 피넛 버터를 개발했다.

필터, 그리고 텍스타일 등 모든 것에 들어가 있다. (1941년 한 해만 해도 "유리솜(glass wool)[5]" 제품과 관련하여 350개의 특허가 발효되었다.)

- 돌(Dole)과 트로피카나(Tropicana)는 그들의 주스를 얼려 신상품을 개발해 냈다.
- 헬리콥터는 전장에서 매우 전술적인 장치로 유명해졌다. 그러나 오늘날 뉴질랜드에서는 양떼를 몰거나 회사 경영자들을 그들의 먼 별장으로 데려가기 위해 헬리콥터를 사용한다.

호텔은 단지 호텔일 뿐인가? 사실 그렇지 않다. 호텔은 부유한 사람들에게는 단지 일시적 거주지가 아니라 영구적인 집이 될 수도 있기 때문이다. 발리에서 보스턴에 이르기까지 숙박업자들은 일종의 건설 붐을 일으키며 그들의 별 다섯짜리 호텔에 개인 가정집을 부속으로 배치하기 시작했다.

단순히 손님을 넘어 소유주가 되고 싶어 한다면 꽤나 많은 돈을 들여야 할 것이다. 리츠 칼튼(Ritz-Carlton)이 소유한 보스턴 커먼스(Boston Commons)의 한 작은 콘도는 가격이 약 515,000달러이고, 연간 유지비로 5,600달러가 더 소요된다. 애리조나에 위치한 포시즌스(Four Seasons)의 푸에블로(pueblo)[6] 스타일 단독 주택은 무려 150만 달러나 든다. (그리고 이곳에 거주하려면 추가로 주차, 가사, 세탁, 그 외 다른 편의들에 대한 비용을 지불해야 한다.)

인류는 심지어 어번 로봇(urban robot)의 혜택을 보고 있다. 이 로

---

5 유리솜이란 유리 섬유를 솜 모양으로 만든 물질로서 주로 방열재, 방음재, 절연재로 쓰인다.
6 푸에블로란 돌이나 어도비 벽돌로 지은 인디언의 집단 주택, 또는 그 부락을 의미한다.

봇은 제트추진연구소(Jet Propulsion Laboratories)에서 화성 표면을 돌아다니도록 만든 탐사 로봇을 개조한 것이다.

왜 우리는 네비게이션 컴퓨터와 카메라가 장착된 20kg짜리 어번 로봇이 필요한 것일까? 왜냐하면 인간 또는 개가 가지 못하는 곳에 그들을 보낼 수 있기 때문이다. 가령 지진으로 무너진 건물이나 화염 속, 또는 화학물이 스며든 곳 등이 그런 경우이다.

- 여러분들은 여기서 두 가지가 구분되는 것을 알아차렸을지도 모른다. 그 중 하나는 '기존의 것을 변경하지 않고 어떻게 새로운 방법으로 사용할 수 있는가' 하는 것이고, 두 번째는 '새로운 용도에 맞도록 기존의 것을 어떻게 변형할 수 있는가' 하는 문제와 연관된다.

스카치테이프는 기존의 것을 변경하지 않고 새로운 용도로 사용하는 것에 가깝다. 한편 헬리콥터는 다른 용도를 위해 (더 작고 더 빠르고 더 호화스러운 것으로) 변경되었다.

어느 방법이든 유용할 수 있다. 당신의 카탈로그에 전시되거나 창고에 처박혀 있는 것들을 보며 두 가지 가능성에 대해 모두 생각해 보라.

사업의 새로운 초점

인터스테이트 백화점(Interstate Department Stores)은 스스로 "어

떻게 바뀔 수 있을까?" 자문해 보았다. 모두들 이 회사가 새로 채택한 이름인 토이저러스(Toys "R" Us)를 들어 봤을 것이다.

그렇다. 이 성공적인 소매업체는 한때 다른 할인 백화점들과 똑같은 방식으로 경쟁하고 있었다. 그 회사는 많은 백화점 매장을 갖고 있었고, 많은 할인 행사를 하고 있었지만 미래는 그다지 밝지 않았다. 그러는 동안 이 업체가 초기 상태에 있던 토이저러스를 인수하고 파산에 빠진 후 오직 장난감 소매 업체로만 거듭나면서부터 새로운 백화점, 즉 장난감 백화점의 시대가 찾아왔다.

기존 사업의 초점을 변경함으로써 이 회사는 이제 27개국에서 1,200개의 매장을 운영하는 거대 기업이 되었다. 연간 매출액이 무려 110억 달러에 이른다. 장난감은 백화점에서 빠져나와 하나의 독자적인 사업이 되었다.

이와 거의 똑같은 방식으로 엔진 오일 교환도 주유소와 자동차 판매점에서 빠져나와 독자적인 사업이 되었다. 이것은 새로운 사업방식으로서 시장 세분화에 초점을 맞춘 고전적인 예이기도 하다. 10분만에 끝나는 오일 교환의 편리함을 통해 지피 루브(Jiffy Lube)와 동료 업체들은 미국에 14,000개의 매장을 가진 산업으로 성장할 수 있었다. 이 정도면 30년 전엔 존재하지도 않았던 사업치고 그리 나쁜 편도 아닐 것이다.

당신의 사업이나 산업에서도 독자적인 사업이 될 만한 부분이 있는가? 다른 무엇이 될 수 있는가를 묻는 것은 당신이 쏟는 노력의 초점을 재조정하는 방법이 될 수 있다.

유통의 새로운 방법

- 우리의 할머니 세대는 스타킹을 백화점에서 샀다. 이곳에서 상류층 여성들은 비교적 프라이버시가 보장된 상태에서 입에 담기 어려운 물건들을 관찰할 수 있었다. 그러던 어느 날 헤인즈(Hanes)가 새로운 유통 방법을 발견해 냈다. 어디에나 있는 식료품 가게를 이용하는 것이다. 그들의 팬티스타킹 신제품인 레그스(L'eggs)는 진짜 달걀과 거의 똑같은 방식으로 배달되고 배치되었다. 이러한 유통 방법의 전환은 레그스를 독보적인 브랜드로 만들어 주었다.

- 그리고 이러한 전환은 인터넷과 아마존이라는 서점이 있기 훨씬 전부터 찾아왔다.

- 타파웨어(Tupperware)는 수십 년 동안 파티를 열어 제품을 파는 회사였다.[7] 그러나 오늘날 점점 더 맞벌이 부부가 늘어가자 타파웨어는 좀더 열심히 파티를 열어야 했다. 이제 그들의 저장 용기들은 대형 할인마트에서도 찾아볼 수 있다.

- 이와 마찬가지로 에이본(Avon) 화장품은 이제 백화점에서 고객들을 맞이한다.

- 심지어 유서 깊은 아동용 TV 프로그램인 〈로저스 아저씨의 이웃들Mister Rogers' Neighborhood〉을 만들어낸 프레드 로저스(Fred Rogers)마저 자신의 온화한 메시지를 전달할 새로운

---

7 타파웨어란 반찬이나 음식 같은 것을 담는 플라스틱 용기를 판매하는 회사로서, 제품을 홍보, 판매하는 수단으로 파티를 이용하였다. 타파웨어 파티란 타파웨어 판매사원이 동네 가정주부들을 불러 모아 음식을 제공하고 타파웨어 프리젠테이션을 가진 후 이것을 사고 싶은 사람들에게 판매하는 것이다.

방법을 찾아냈다. 그는 PBS 웹사이트에 쌍방향 프로그램을 도입하고 www.misterrogers.org에 어린이 이야기 시리즈를 만들 계획이다. 이것은 사이버 동네의 희소식이 아닐 수 없다.

당신이 파는 것이 무엇이든 그것을 유통시킬 다른 방법들은 항상 존재한다. 다이렉트 메일, 온라인, 상가나 공항에 위치한 키오스크, 택배 등. 또 어떤 방법들이 있는지 생각해 보라.

어쩌면 당신은 광고 사업에 종사하고 있을 수도 있다. 당신은 판매를 이끌어 내는 선구자로서 사람들과 커뮤니케이션 한다. 그러나 이 경우에도 마찬가지다. 당신의 말을 다른 식으로 퍼트릴 방법은 항상 있기 마련이다.

당신이 지역 사업 모임에서 연설하도록 제안받았다고 가정해 보자. 연설 외에 다른 방법은 없을까? 너무나 많다!

- 사전 프리뷰나 사후 요약문과 함께 발송되는 뉴스 보도 자료 배포
- 회사 웹사이트에 링크 걸기
- 온라인 방송(webcast)도 가능하다
- 디렉트 메일에서 사용하는 작은 책자 형식으로 인쇄하기
- 후원 단체의 전체 회원들에게 발송되는 메일링 활용하기
- 지역 신문의 서명 기사란이나 Op-Ed(Opposite Editorial)[8] 활용하기

---

8 Op-Ed(Opposite Editorial)이란 신문에서 사설 옆 페이지에 다양한 의견을 게재하는 독자 투고나 기고란을 말한다.

고객을 바라보는 새로운 방법

- 필립 모리스의 말보로는 처음에 여성용 담배 브랜드로 출시되었다. 요즘 세대에게 이것은 믿기 힘든 말이겠지만 사실이다. 여성을 위한 브랜드였던 말보로는 누구에게도 어필하지 못했다. 그래서 필립 모리스는 어떻게 바꿀 수 있을까를 고민했고 남성을 위한 브랜드로 탈바꿈하자는 해답을 얻었다. 이렇게 하여 말보로 카우보이가 탄생하게 된 것이다.

- 폰티악(Pontiac)은 한때 데소토(DeSoto), 올즈모빌(Olds-mobile), 머큐리(Mercury) 등과 같은 기성 브랜드들과 경쟁하던 보수적인 가족용 자동차였다. 1960년대에 새 경영진은 고객의 초점을 가족에서 젊은 층으로 전환했다. "폰티악은 흥분을 만들어 냅니다.(Pontiac builds excitement)" 이러한 광고 카피는 더 이상 노인 세대에게 말을 거는 것이 아니었다. 이것은 오늘날에도 마찬가지이다. 폰티악의 웹사이트에 들어가면 맨 처음 보이는 단어가 "흥분을 운전하다(Driving Excitement)"이다.

- 평범한 핫도그가 칠면조 도그나 치킨 도그, 또는 심지어 연어 도그와 같은 새로운 형태로 바뀔 수 있다면 이것은 건강을 의식하는 핫도그 고객들에게 어필할 수 있을 것이다.

- 허시 푸드(Hershey Foods)는 초콜릿 우유를 마시는 고객층을 넓히기 위해 고군분투하고 있다. 그들은 학교 식당의 아이들을 넘어 탄산음료에 질린 웰빙 성향의 성인층을 겨냥하고 있다. 그렇다면 베이비 붐 세대에게 초콜릿 우유를 팔겠다는 것인가? 그렇다. 허시는 무지방 초콜릿 우유를 들고 전국을 순회했다.

(이제 당신도 칼로리에 대한 죄책감 없이 예전의 향수를 느껴볼 수 있게 되었다.)

- 허시의 경쟁상대인 네스퀵은 초콜릿 우유를 일회용 플라스틱 용기에 포장하기 시작했다. 이는 식료품점이나 편의점에서 쇼핑하는 성인들을 겨냥한 것이다.

여기 놀랄만한 숫자가 있다. 미국의 철도회사 암트랙(Amtrak)은 이제 총수입의 43퍼센트를 비탑승객 사업에서 얻는다. 암트랙은 이미 여러 해 전에 탑승객만으로는 충분한 수익을 내지 못한다는 사실을 깨닫고 정보통신 회사(이들의 전선은 암트랙의 철로 일부와 함께 전국을 달린다.)나 운송업자(일반 화물에서 과일에 이르기까지 모든 물건을 신속하게 배달할 필요가 있다.) 등 새로운 고객층을 찾아다녔다.

탑승객 수송 서비스를 다른 사업 기능들과 연결하는 것은 새로운 아이디어가 아니다. 그것은 새로운 세기에 맞게 변형된 오래된 아이디어이다. 미국 체신부(Postal Service)는 한때 탑승객 기차의 주요 단골이었다. 그들은 기차 안에서 우편물들을 분류해낸 후 기차역 바로 옆에 전략적으로 지어놓은 우체국들로 배달하였다. 아이러니하게도 미국 철도 서비스의 쇠퇴는 체신부가 우편물 배달을 위해 점차 비행기와 자동차로 돌아서기 시작했던 것도 부분적인 원인이었다. (이 때문에 정부는 암트랙을 신설해야 했다.)

암트랙은 아직도 소량의 정기 간행물과 제1종 우편물들을 운반한다. 그러나 이와 동시에 암트랙은 캘리포니아로부터 대량의 레몬과 오렌지를, 그리고 워싱턴 주로부터 대량의 사과를 동부 해안까지 실어 나르고 있다.

국회는 암트랙에게 2003년 회계 연도까지 연방정부의 지원금을 받지 못하도록 금지해 놓고 있다. 이때까지 살아남기 위해 암트랙은 자신의 고객을 새로운 눈으로 바라보지 않을 수 없었다.

당신의 핵심 고객들은 100퍼센트 안심할 만한가? 그 고객들이 당신의 목표를 달성하게 해 주는가? 어쩌면 지금은 당신이 새로운 눈으로 고객을 바라봐야 할 때인지도 모른다.

폐물의 새로운 용도

- 멕시코 만에 있는 천연가스나 석유정(井)들이 고갈되기 시작하면 에너지 회사들은 어마어마한 문제에 직면하게 된다. 다 쓰고 남겨진 거대한 시추 설비 더미를 어떻게 처분할 것인가?

이 마천루만한 높이의 시추 설비들을 철거하고 해안까지 끌고 가는 것은 고철 덩어리가 된 그들의 가치보다 더 많은 비용이 들 수 있다. 그러자 몇몇 대담한 아이디어들이 튀어나왔다. 어떤 이는 그것을 호쾌한 휴양객들을 위한 해양 리조트로 바꾸자고 제안했고 어떤 이는 이들의 고립된 위치를 이용해 해양 감옥으로 사용하자고 제안하기도 하였다.

그러나 이 어마어마한 고철 덩어리를 위한 최고의 대안은 이보다 훨씬 단순하다. 즉, 이 굴착 장치를 인공 암초로 전환하는 것이다. 이것은 환경에 많은 도움이 될 것이다. 약간의 수중 절단과 재배치를 거친 후 이 시추 설비들의 철근은 산호초와 형형색색의 해면동물들을 끌어들이기 시작했다. 새우와 게들은 물론 물고기들도 이 뒤를 따랐다. 이들은 모두 보금자리와 먹을 것을 찾아 이 오래된 고철 굴착 장치 주변으로 모여들었다.

"물고기들을 위한 맥도널드 가게라고나 할까요." 인공 암초의 코디네이터는 이렇게 말한다.

심지어 이보다 훨씬 작은 폐물 조각들도 가치를 지닐 수 있다. 이것은 강아지에게 먹다 남은 음식 쓰레기를 주는 정도의 이야기가 아니다.

- 그리 멀지 않은 과거에 11살과 12살의 두 어린이가 피자 상자에 담긴 작은 물건을 가지고 1억 달러 가치의 장난감을 만들어 냈다. 그 작은 물건이란 피자 크러스트가 아니라 상자의 윗면이 뜨거운 치즈와 달라붙지 않도록 거리를 유지시켜주는 플라스틱이었다. 원반 튕기기처럼 튕겨 다니는 이 2인치짜리 플라스틱 거미들의 이름은 플립 이츠(Flip-Itz)이다. (당신이 얼마나 많은 잠재적 플립 이츠들을 쓰레기통에 버렸을지 한번 생각해 보라.)

남을 돕는 새로운 방법

현금은 항상 멋지다. 그러나 좋은 일을 하는 데 항상 현금이 있어야 하는 것은 아니다.

- 한 배우는 자신이 가장 좋아하는 좋은 일을 위해 그의 할리우

드 친구들에게 영화 기념품 경매에 물건들을 기부할 것을 요청
했다. 그 좋은 일이란 에이즈에 감염된 어머니들을 통해 아프
리카 신생아들이 HIV에 감염되는 것을 막는 유니세프의 프로
그램이었다. 줄리아 로버츠는 〈런어웨이 브라이드〉에서 입었던
웨딩드레스를 내놓았고 메릴 스트립은 〈매디슨 카운티의 다리〉
에서 입었던 드레스를 기부했다. 멜 깁슨은 〈브레이브 하트〉에
서 사용한 검을, 실버스타 스탤론은 〈로키〉에서 쓰던 권투 글로
브를 내놓았다.

만약 당신이 어떤 좋은 일을 위해 기금을 마련하고 있다면 유명인
을 활용할 용의가 있는가? 당신이 속한 도서관이나 자선 단체, 혹은
재단이 혹시 이러한 명단도 가지고 있는가?

플로리다 남부에 위치한 두 병원에서는 그들이 사용하던 환풍기
를 남미의 어린이들과 신생아들을 위해 보내기로 했다.

플랜테이션 일반병원(Plantation General Hospital)과 마이애미 아
동병원(Miami Children's Hospital)은 20개의 환풍기들을 (이들의 원
비용은 약 43만 달러이다.) 볼리비아 전역에 위치한 여러 병원들에게
보냈다. 이 병원들은 원래 이 환풍기들을 새 장비와 맞바꾸려 했으
나 마음을 바꿔 인본주의적 미션을 위해 쓰기로 했다. (그리고 긍정적
인 홍보 효과도 얻을 수 있었다.)

펜실베이니아 주민들은 오래되고 낡은 병원을 훌륭한 지원 시설
로 개조해 불우한 이웃들에게 인간의 존엄성을 회복시켜 주었다. 개
조한 시설은 노숙인을 위한 보금자리와 저소득층 노인들을 위한 아
파트, 마을 진료소, 그리고 교육 센터를 갖추고 있다. 브랜디와인 병

원(Brandywine Hospital)이 이곳 진료소의 비용과 인력, 그리고 자원 활동가들을 지원했다. 이 병원은 중고품 할인판매점에서 나온 수익으로 총경비와 일부 수술비용을 댄다.

당신 회사에서도 이제는 사용하지 않는 시설이나 오래된 장비, 또는 물품들이 있지 않은가? 이것들도 어딘가에 있는 누군가를 도울 수 있다.

건물의 새로운 용도

방금 살펴보았듯이, 오래된 병원 건물도 보금자리와 진료소로 바뀔 수 있었다. 그러나 폐허가 된 건물을 이 용도로만 사용할 수 있는 것은 아니다. 또 어떤 것들이 있을까?

- 스타벅스는 오래된 은행과 주유소를 커피숍으로 전환하면서 건물의 정면을 손대지 않고 그대로 놔두었다. 이렇게 함으로써 그들은 그 마을의 특성에 어울리는 커피숍을 만들 수 있었다.
- 기차와 기차역 전체를 레스토랑으로 바꾼 경우도 있다.
- 호텔과 리조트는 종교적 은신처가 되기도 했다.
- 학교를 사무실과 주거용 콘도로 바꾼 적도 있다.
- 교회가 나이트클럽과 사무실로 변경된 경우도 있다. 두 가지 유명한 예로 뉴욕시의 라임라이트(Limelight)와 버크셔의 알로 거스리(Arlo Guthrie) 사무실을 들 수 있다. 이 중 알로 거스리 사무실은 영화 〈앨리스의 레스토랑Alice's Restaurant〉의 장면

들이 촬영된 곳이기도 하다.

- 낡은 창고가 레스토랑이나 댄스홀, 그리고 거주 시설 등으로 전환되었다.
- 캘리포니아에 위치한 코스트코의 무서비스 매장(no-frill warehouse) 중 하나는 하워드 휴즈(Howard Hughes)가 지은 오래된 비행기 격납고 안에 위치하고 있다.
- 군사 기지가 영화 로케이션 촬영지나 공장, 심지어 텍사스 오스틴에서는 힐튼 호텔로 사용되는 경우도 있다.

새로운 사업을 위한 장소를 찾고 있다면 일반적인 상업적 부동산 물건들을 뛰어넘어 살펴볼 필요가 있다. 곧 조업이 중지될 시설을 운영하고 있다면 주변 동료들에게 그곳을 또 어떤 곳으로 활용할 수 있을지 의견을 구해 보라.

파블로 피카소는 이렇게 쓴 바 있다. "어떤 화가들은 태양을 하나의 노란 점으로 바꾼다. 반면 또 어떤 이들은 노란 점을 태양으로 바꾼다."

당신의 붓은 어떻게 할 것인가?

무엇을
제거할 수
있는가?

믿음.

09

조 토리에게는 문제가 있었다. 척 노블락(Chuck Knoblauch)이 바로 그 문제였다.

좀더 구체적으로 말하면 척 노블락의 팔이 문제였다.

2000년 월드 챔피언을 거머쥔 뉴욕 양키즈에서 고액의 연봉을 받는 2루수 노블락은 갑자기 어떻게 공을 1루에 던지는지 잊어버렸다. 우리들 대부분에게 이러한 실책은 그다지 큰 문제가 되지 않지만, 2루수에게 1루까지의 단거리를 던질 수 없다는 것은 가히 직업을 잃을 만한 일이 아닐 수 없다.

노블락의 팔은 아무리 잘 봐줘도 불안정했고, 최악의 경우 통제 불가능했다.

그리고 모든 문제에 답을 가지고 있을 것 같은 양키즈의 매니저 토리도 걱정에 휩싸였다.

그리하여 그 불안정한 투수는 조용히 각종 필드 코치와 치료사, 정신과 의사, 상담가 등에게 보내졌다. (어쩌면 우리의 친구 토니 로빈스(유명한 임상 심리 상담가)도 이 일에 동참했을지도 모른다.) 그러나 모두 아무 소용없었다.

노블락의 투구는 점점 더 악화되었고 결국 뉴욕 양키즈의 상대편을 응원하는 보스턴 레드삭스 팬들은 혹시 노블락이 잘못 딘진 공이 날아올까 봐 캐처 마스크를 쓰고 나오기 시작했다.

하지만 조 토리는 그냥 명예의 전당에 오른 코치가 아니었다. 그는 결국 노블락의 '정신적 문제'를 다룰 방법을 생각해 냈다.

그는 간단히 문제를 제거했다. 2루수를 레프트 필드로 옮겨 더 이상 1루로 공을 던질 필요가 없도록 만든 것이다. 그 결과 노블락은 가장 유능하고 자기 일에 만족하는 좌익수가 되었고 뉴욕 양키즈는 건재할 수 있었다.

사전에 따르면 "제거란 밖으로 내보내거나 없애는 행위, 혹은 중요하지 않은 것으로 끌어내리는 행위"를 의미한다.

뛰어난 아이디어맨이 된다는 것은 무언가 방해가 되고 비생산적이며 일이 원활히 진행되지 못하도록 막는 변수를 제거하는 것을 의미한다. 이것만 제대로 하더라도 회사는 자신의 제품이나 프로세스, 업무 수행을 혁신시킬 수 있을지도 모른다.

빼기를 통한 더하기

직관적으로 볼 때 무언가를 제거한다는 것은 그것의 수나 크기를 감소시키는 것을 의미한다. 그러나 비즈니스에서 무엇을 제거한다는 것은 사실상 그 최종 결과를 향상시키는 것일 수도 있다.

빼기를 통해 더하기를 이뤄 낸 다음의 역사적 사례들을 살펴보라.

* 타이어에서 튜브를 없앰으로써, 즉 튜브리스타이어(tubeless tire)를 만들어냄으로써 사실상 타이어 펑크나 공기 유출의 가능성을 제거할 수 있었다.
* 오랫동안 줄기콩(string bean)을 판매해 온 씨 엔 키니(C. N. Keeney)는 줄기콩의 까끌까끌한 껍질을 제거하지 않으면 음식을 준비하기도 어려울 뿐 아니라 먹는 데에도 불쾌할 수 있다는 사실을 발견했다. 그는 또한 그의 통조림 공장에서 나오는 콩들 중 소수는 껍질이 없다는 사실도 발견했다. 시간이 지나면서 그는 이 돌연변이들을 모으고 다시 심으면서 껍질 없는 콩들을 재배해 내는 데 성공했다.

그러므로 제거는 종종 가치를 더해준다는 사실을 알 수 있다. 뉴저지에 있는 유니언 침례교회(Union Baptist Church)의 교구민들에게 물어보라. 이 마을에서 한 블록 떨어져 있는 작은 술집은 종종 말썽의 원인이 되곤 했다. 그래서 이 교회의 교구민들은 건물을 구매함으로써 문제를 제거하기로 했다. (그러나 이들은 주류 면허는 구매하지 않았다.) 그 교회는 이곳을 청소년 서비스 센터로 바꿀 계획이다.

새로운 아이디어를 고려할 때에는 제거와 관련된 다음의 질문들을 해 볼 필요가 있다.

* 여기에서 무엇을 제거할 수 있는가?
* 어떻게 이것을 간소화할 수 있는가?

- 이것을 나눠 보면 어떨까?
- 이것을 나눌 경우 누가 영향을 받는가?
- 이것을 제거하면 무엇이 남는가?
- 이것의 길이나 크기, 시간, 또는 복잡성을 줄이면 기능이 어떻게 달라질까?

이러한 질문들은 조직 영역에서 '혁신을 위한 제거'의 실행 가능성을 평가하도록 해준다.

1. 절차를 제거하라.
2. 관료주의를 제거하라.
3. 매출 방해 요인을 제거하라.
4. 사업이나 부서 전체를 제거하라.
5. 불필요한 제품 혜택을 제거하라.
6. 고객을 제거하라.

정말 고객을 제거하란 말인가? 그렇다. 고객을 제거하는 것조차 (특히 그들이 당신에게 가져오는 수익보다 더 많은 비용이 드는 사람일 경우) 사업에 불꽃을 일으키는 혁신이 될 수 있다.

절차를 제거하라

"어떤 절차를 제거할 수 있을까?"

모든 사업은 표준화와 기록 보관, 그리고 관리를 위한 절차를 반드시 갖춰야 한다. 하지만 이와 동시에 대부분의 사람들은 절차를 싫어한다.

불필요한 절차를 줄일수록 더 효율적인 회사가 될 수 있다는 것은 이론의 여지 없는 사실이다. 또한 모든 조직이나 부서, 분과, 단위, 기능, 그리고 개인이 절차를 제거할 수 있다는 것도 부정할 수 없는 사실이다. 먼저 서류 이야기부터 시작해 보자.

- 비교적 혁신적인 회사 중 하나인 페덱스는 고객들에게 분기별로 보내는 내역 보고서에 보너스 금액과 그 보너스 금액을 사용할 수 있는 증명서를 함께 보내곤 했다. 보너스를 사용하고 싶은 고객은 이 증명서 뒷면을 작성하여 페덱스에 우편으로 보내면 다음 번 내역 보고서의 총액에서 이 금액이 공제된다.

이것은 훌륭한 고객 혜택이다. 하지만 복잡하고 종이가 많이 든다. 그래서 페덱스는 보너스를 계산하고 다음 번 내역 보고서에서 자동으로 공제하도록 절차를 고쳤다. 이를 통해 크레딧은 자동으로 추가되었고 불필요한 종이들은 제거되었다. 이 정도면 훌륭히 임무를 완수한 것이 아닐까?

- 윌키 파 앤드 갤래거(Willkie Farr & Gallagher)의 변호사들도 서류 문제 때문에 고민하고 있었다. 이 독보적인 뉴욕 법률회사는 수백 명의 채권자와 수천 페이지에 달하는 서류를 포함하는 복잡한 파산 사건들의 채무자들을 대변하고 있었다. 회사

기록 보관실에서 파일을 찾아내는 것은 시간이 많이 들뿐 아니라 간혹 괴로운 일일 때도 있었다. 서기들은 공판 시간에 맞춰 필요한 서류들을 챙겨가느라 종종 택시나 지하철로 허겁지겁 뛰어다니곤 해야 했다.

그래서 윌키 파 회사는 맨해튼에 있는 연방 파산 법원(U.S. Bankruptcy Court)의 협조를 얻어 전자 파일링 시스템을 시범 운영하기로 했다. 이 시스템은 모든 사건 파일을 인터넷에서 열람할 수 있도록 하는 것이다. 비록 결함이 없는 것은 아니지만 이 시스템은 종이를 제거함으로써 효율성을 높일 수 있었고 서기들이 더 이상 시간에 쫓겨 지하철을 타러 다니는 수고를 하지 않아도 되도록 만들었다.

한편 종이가 들지 않는 절차도 지속적인 평가를 통해 무엇을 간소화하거나 제거할 수 있는지 알아 봐야 한다.

연례회의를 예로 들어 보자. 세상에 이것보다 더 지겹고 구시대적이며 지루한 절차가 또 있을까? 아마 없을 것이다. 미국 증권거래위원회는 모든 주식회사들이 매년 한 번씩 주주들과 모여 기업 발전에 대해 논의할 것을 요구한다. 그리고 모든 연례회의는 다 똑같이 진행된다. 여러분도 한번 가보았다면 어떻게 돌아가는지 잘 알 것이다.

의장이 의사봉을 두드려 개회를 선언한다. 기업 비서실에서 정족수 이상의 주주들이 참석했음을 알린다. 첫 번째 기업 결의안이 크게 낭독되고 그에 대해 논의가 이루어진다. 이어 투표 요청이 이루어진다. 각각의 결의안마다 이 과정이 반복된다. 그런 다음 CEO가 공식적인 연설을 시작한다. 연설을 마친 후 CEO는 청중들에게 질문을 요청한다. 주주들이 질문하는 동안 선거 관리인들의 투표 집계가 끝나면 질문은 중단되고 비서가 투표 결과를 발표하며 얼마나 많은 득표수로 각각의 결의안들이 통과되었는지 공표한다. 그리고 난후 CEO는 더 질문이 없는지 물어 본다. 마지막으로 CEO가 폐회를 제안하고 두 명의 앞잡이들이 한 명은 동의하고 다른 한 명은 재청하며 CEO의 제안에 순응한다.

이 절차는 한없이 지루할 뿐 아니라 완전한 시간 낭비이기도 하다. 이 과정에서 일부를 줄이는 것은 어떤가? 각각의 결의안들을 일일이 낭독하는 대신 곧바로 그들의 요약문을 설명하는 것이다. 또 연설을 없애고 주주 Q&A로 바로 들어가면 어떨까? 그리고 선거 관리인들이 주주들의 질문을 중단하는 것을 없애고 질문 시간이 다 끝난 다음에 투표 결과를 발표하는 것이다.

이토록이나 부적절한 절차는 제거하는 것이 마땅하다. 이는 성공적인 조직으로 가는 확실한 보증 수표이다.

관료주의를 제거하라

"어떻게 관료주의를 제거할 수 있을까?"

이것은 구미가 당기는 질문이 아닐 수 없다. 모든 사람은 관료주의를 경멸한다. (물론 관료주의자들은 예외이다.)

모든 조직은 단번에 날려버릴 수 있는 서열과 직함, 의전, 그리고 겉치레 형식을 가지고 있다. 이사회부터 시작해 보자.

- 관리 의료(managed care)[1]를 수반하며 유행처럼 일어난 합병의 결과인 병원 시스템은 관료주의의 주요 악당이다.

전형적인 예로 플로리다 병원 시스템이 있다. 이 시스템은 두 개의 핵심 병원과 수년에 걸쳐 매입한 여러 개의 소규모 위성 병원들로 구성되어 있다. 한편 이 병원 시스템은 독자적인 전체 이사회뿐 아니라 보조 이사회까지 갖추고 있다.

이 병원들의 이사회 수련회에서 연설을 맡은 우리들은 수많은 이사장과 부이사장들이 칵테일 시간에 서로 소개하는 장면을 놀라운 듯이 쳐다볼 수밖에 없었다.

"번사이드 이사장님, 이쪽은 팬터켓 이사장님이십니다. 스타인메츠 이사장님, 이쪽은 폰 슈레핑 재단 부이사장님이십니다. 타이매스터 재단 이사장님, 이쪽은……."

이것은 마치 프로 축구 경기에서 주장이 동전을 던지는 것을 떠올리게 했다. 그만큼 바보 같고 불필요하며 우스꽝스러운 일인 것이다.

다행스럽게도 마침내 제 정신을 찾는 기미가 보이기 시작했다. 수많은 이사회들이 철폐되었고 오늘날 그 시스템은 각 병원의 대표들로 구성된 하나의 이사회만 가지게 되었다.

이와 마찬가지로 이사회와 위계적인 서열 구조는 금융 서비스업과 항공업에서부터 컴퓨터 칩 제조업과 철도업에 이르기까지 통합과 합병이 일종의 유행이 된 사업 환경에서는 주기적으로 제거해 줘야 한다.

---

1 관리 의료(managed care)란 어떤 집단의 의료를 의사 집단에게 도급 주는 건강관리 방식을 말한다.

그리고 기왕 말이 나온 김에 더 말해 보자면, 관료주의적인 직함을 제거하는 것은 어떨까?

- 가령 은행의 '부행장(vice president)' 직함을 보자. 이보다 더 장황한 직함도 있을까? 은행의 모든 사람들이 다 부행장이다.

바로 이런 이유로 인해 은행들은 처음엔 'senior vice president'를, 그 다음엔 'executive vice president'를, 그리고 또 그 다음엔 'senior executive vice president'를, 그리고 또 그 다음엔 'vice chairman'과 'senior vice chairman'와 같은 직함들을 만들어 내게 되었다.

그리고 보면 은행가들조차 그렇게 순진한 것은 아니다.

이렇게 관료주의적인 직함들이 만연하는 것은 승진하기 위해 열심히 일해 온 사람들의 가치를 훼손시킨다. 이럴 바에는 차라리 과장된 직함들을 제거하고 단순히 기능에 따른 호칭(가령 인사부장이라든지 엔지니어 부장 등)을 적용하는 편이 훨씬 나을 것이다.

또는 일부 인터넷 회사들이 영업 사원을 '아이디어 에이전트(idea agent)'로 부른다거나 마케팅 매니저를 '드림 캐처(dream catcher)'로, 심지어 접수원을 '방문객의 감독자(directors of incoming attitudes)'라고 부르는 것처럼 좀더 재미있는 직함을 만들어보는 것은 어떨까?

관료주의를 제거하는 것은 또한 조직의 경직성을 제거하는 일이기도 하다.

당신의 서류 양식을 한번 보라. 당신이 고객들에게 서명하고 따르도록 요구하는 계약서들은 쉽게 이해할 수 있는 것이어야 한다. 그러므로 다음과 같은 질문을 던져보는 것은 매우 유용하다. "사람들의 이해를 높이기 위해 단어나 구절 또는 문단 전체를 없앨 수도 있지 않을까?"

물론 그럴 수 있다.

- 미국 보험정보협회(Insurance Information Institute)는 보험 업계의 발전을 위한 일들을 제안할 책임이 있었다. 그러한 일 중에는 다음의 문단으로 시작하는 장황한 보험 계약서의 표준을 바꾸는 일도 있었다.

보험료와 관련해 본 계약서에 명시되어 있거나 앞으로 추가될 조항과 약정들에 따라 본사는 발효일 정오(표준 시간 기준)에서 만료일 정오(표준 시간 기준)까지의 기간 동안 본 계약서에 규정된 금액을 초과하지 않는 범위 내에서 본 계약서에 규정된 피보험인의 보험을……

미국 보험정보협회가 제안한 수정안은 다음과 같은 짧은 문장으로 이루어졌다.

우리는 보험 계약상의 모든 조항의 준수와 보험료에 대한 댓가로 보험 계약에 명시된 보장을 제공할 것입니다.

정말 다르지 않은가?

그리고 기업 구조와 형태를 넘어 조직의 개성이라는 문제도 있다. 조직의 주요 구성원들에게 덜 관료주의적이고 개방적이며 상상력이 풍부하고 매력적인 인상을 전달할 수 있도록 하기 위해 조직의 개성에서 무엇을 제거할 수 있을까?

이것은 매우 중요한 문제이다. 바로 이것 때문에 어떤 정치가들은 재당선되는 반면 어떤 이들은 낙선되고, 어떤 CEO들은 존경받는 반면 어떤 이들은 미움을 받으며, 어떤 회사들의 신용 창고는 가득 차는 반면 어떤 회사들의 창고는 텅 비어 있을 수밖에 없는 것이다.

- 석유 재벌인 애틀랜틱 리치필드(Atlantic Richfield)는 『스파크 The (ARCO) Spark』라는 잡지를 통해 직원들로부터 엄청난 충성심을 얻을 수 있었다. 『스파크』는 기업의 진실에 대해 거침없이 접근하는 이를테면 일종의 무례한 직원용 책자였다. 이 혁신적인 잡지는 정유 공장의 불꽃을 담은 사진에서부터 경영진을 비판하는 직원들의 편지에 이르기까지 모든 것을 싣는 그야말로 솔직함의 전형이었다.

1999년, 애틀랜틱 리치필드가 비피 아모코(BP Amoco)와 합병했을 때 이 전설적인 『스파크』도 어조가 훨씬 부드러워진 인쇄물로 대체되었다. 이로 인해 이 석유회사가 지니고 있던 직원들과의 신용과 창의성에 대한 명성은 아마도 큰 타격을 입었을 것이다.

이 사례들은 모두 관료주의를 제거하는 것이야말로 회사에 새로운 아이디어를 불어넣으려는 사람이라면 누구나 제1의 지상 과제로 삼아야 할 내용임을 암시한다.

매출 방해 요인을 제거하라

"우리는 매출의 어떤 방해 요인들을 제거할 수 있을까?"

당신은 항상 똑같은 방식으로 당신의 제품과 서비스를 제공해 왔다. 당신의 매출은 화려하진 않지만 그래도 꾸준한 성적을 보여 준다. 그렇다면 문제는 "기존의 매출을 어떻게 신장시키거나 새로운 시장을 개척할 것인가?"이다.

이에 대한 해답은 그동안 매출의 증가를 미묘하게 방해해 오던 요소들을 제거하는 것에 있을지도 모른다.

예를 들어 '피'에 대해 생각해 보자.

- 많은 사람들이 개인적 이유나 종교적 신념 때문에 병원 치료의 일부로 수혈을 받거나 혈액 제품을 사용하는 것을 꺼려한다. 그래서 뉴저지에 있는 잉글우드 병원(Englewood Hospital)은 혈액 손실을 최소화하면서도 혈액의 산소 운반 능력을 최대화하는 다양한 기술들을 개발해 냈다.

잉글우드 병원은 기존의 관행에 근본적으로 반대하는 환자들에게 혈액을 사용하지 않기로 결정했다. 10년도 채 안 돼 잉글우드의 새 이름인 뉴저지 무혈수술진흥연구소(New Jersey Institute for the Advancement of Bloodless Medicine and Surgery)는 그 어떤 기관들보다 두 배나 많은 1500개의 무혈 수술을 실시하며 이 분야의 확고한 선두자가 되었다.

그 결과 인건비와 혈액 사용량이 20퍼센트 감소했을 뿐 아니라 잉글우드의 인지도와 수익도 모든 이의 예상을 뒤엎을 만큼 급증했다.

- 한편 미국의 다른 한쪽에서는 피를 흘리지 않는 방법을 사용함으로써 무엇보다도 소싸움에 대한 사람들의 관심을 증가시킬 수 있었다.

중부 캘리포니아에서는 가장 특이한 형태의 소싸움을 구경하기 위해 수천 명의 포르투갈계 미국인들이 투우장으로 몰려든다. 이 소싸움에서는 황소를 죽이는 장면이 등장하지 않는다.

대신 황소의 어깨에는 벨크로 팻치(Velcro patch)[2]가 부착되고 투우사는 창 대신 종이 장식이 달린 다트나 벨크로 팁을 손에 든다. 그 다트가 황소를 관통하는 것이 아니라 벨크로 패치에 가서 달라붙으면 싸움이 종료되는 것이다.

입법자들과 동물 보호주의자들은 피가 등장하지 않는 이 소싸움을 매우 좋아한다. 투우 팬들도 전혀 꺼려하지 않는 눈치이다. 게다가 피를 흘리지 않는 이 스포츠가 전국적으로 유명해지면서 새로운 팬들이 벌떼처럼 경기장으로 몰려오기도 하였다.

아마 당신의 제품 및 서비스 판매 과정에서도 그동안 쉽게 간과된 장애물들이 있을 것이다. 제거하기만 하면 고객의 관심을 끌고 판매 실적을 높일 수 있는 그런 장애물말이다.

---

2 벨크로는 단추 대신에 쓰는 접착테이프의 상표명이다.

사업이나 부서 전체를 제거하라

"우리는 어떤 사업이나 부서를 제거할 수 있을까?"

정말 드문 경우를 제외하고 모든 기업들은 시간이 지나면 비대해진다. 한창 원기 왕성한 시기에는 사업을 확장하고 부서를 추가하며 기능들을 확대한다. 수요가 높으므로 이를 충족시키기 위해 회사가 팽창하는 것은 당연하다. 그러나 경기가 침체되면 이와 반대 방향으로 움직일 수밖에 없다. 회사들은 혹시 제거할 수 있는 사업이나 부서가 없는지 찾기 위해 혈안이 된다.

하이테크 산업을 중심으로 한 거품이 한창 붕괴되던 시절에는 인원 감축, 규모 축소, 정리 해고, 심지어 자회사 매각 등의 두려움에 떨어 보지 않은 회사가 거의 없다고 해도 과언이 아닐 것이다. 인텔에서부터 애플, 모토롤라, 블랙 & 덱커(Black & Decker)에 이르기까지 이 회사들은 경쟁력을 유지하기 위해 그들의 사업 중 일부를 과감히 떼어 내기로 했다.

최고의 회사들은 '제거'를 사업의 필수 원칙으로 여긴다.

- 제너럴 일렉트릭의 전설적인 CEO인 '중성자탄' 잭 웰치는 세계 최고의 경영자로서 그의 명성을 주로 사람과 사업을 제거함으로써 얻을 수 있었다. 1981년, 45세의 웰치는 회사의 낡은 사업 부문과 관료주의로 비대해진 간부층들을 즉각 제거함으로써 제너럴 일렉트릭 CEO라는 새로운 직책에 안착했다. 웰치는 부임한 초반 4년 동안 약 10만 명의 일자리를 삭감했고 이를 통해 GE는 성장과 이윤의 가도를 달릴 수 있었다.

아이러니하게도 20년 후, 세계에서 가장 위대한 이 CEO가 은퇴를 하려는 순간, 그는 그 모든 일들 중에서도 하필이면 확장 때문에 실패를 맛봐야 했다. 하니웰 인터내셔널(Honeywell International)을 인수하려는 GE의 계획은 마리오 몬티라는 소심한 유럽의 관료주의자에 의해 좌절되었다. 마리오 몬티는 자신의 유럽공동체가 GE와 하니웰의 합병을 허용할 수 없다고 결정하였다.

잭이 슬그머니 은퇴한 뒤, 그의 뒤를 이어 GE를 맡은 제프리 이멜트(Jeffrey Immelt)는 아마 마리오 몬티 문제부터 시작하여 비생산적인 부속물들을 제거함으로써 GE가 성공할 수 있었던 근본으로 돌아가고자 하였다.

가장 오랜 시간에 걸쳐 존경받아 온 제거의 방법은 아웃소싱(outsourcing)이다. 이 방법은 외부인에게 작업을 맡김으로써 내부 경영진과 직원들의 비용을 감소하는 것이 비용도 더 적게 들 뿐 아니라 더 효율적이라는 판단에서 비롯된다.

혁신적인 아웃소싱은 인재 확보에서부터 고객 수익률에 이르기까지 어떤 사업 목적에도 효과적으로 부합할 수 있다.

* 스코틀랜드 로얄 은행(Royal Bank of Scotland, 이하 RBS)은 자격 요건이 뛰어난 사람들을 계속 보유하길 원했다. 그래서 RBS는 직원 복지 전문 컨설팅 회사에 찾아가 RBS 카페테리아식의 유연한 복지 혜택 계획을 특별히 고객 맞춤용으로 기획해 줄 것을 요청했다. 새로운 복지 혜택 패키지는 RBS 직원들에게 다양한 복지 혜택을 선택할 수 있도록 해 주었다. 이 메뉴에는 추가 건강 보험, 생명 보험, 육아, 심지어 식료품 할인 쿠폰 등 다

양한 종류가 포함되어 있었다. 복지 혜택의 관리는 컨설턴트들이 맡았고 RBS는 훌륭한 인재들을 계속 보유할 수 있었다.

- 제품의 측면에서 보자면, 음료수 제조업체 스내플(Snapple)은 막대한 시설 투자와 시간 지체, 그리고 위험 부담을 피하기 위해 신제품의 혼합과 병 포장을 외주로 해결한다.

- 제약 회사들은 임상 실험에 필요한 객관적이고 신뢰할 수 있으며 신속한 자료 관리와 환자 모집 등의 서비스를 퀸타일즈(Quintiles)와 같은 회사들에게 외주 준다.

때에 따라서는 회사의 발전을 위해 아웃소싱 자체를 제거해야 할 때도 있다.

- 1990년대 말 주식시장이 호황을 누릴 때 소위 풀 서비스를 제공한다는 모든 상업 은행들은 다양한 뮤추얼 펀드를 선보였다. 투자자들이 30퍼센트의 수익을 올리게 되자 어떤 은행도 이 사업에 뛰어들지 않을 수 없게 되었다. 그리고 이 과정에서 많은 은행들이 펀드의 마케팅과 관리를 위해 제3자를 활용했다.

그러나 2000년에 시장 상황이 바뀌면서 장부 상의 이윤이 연기처럼 사라지게 되자, 은행들의 뮤처얼 펀드 시장도 이와 마찬가지로 된서리를 맞을 수밖에 없었다. 순유출이 급증하고 수익이 악화되는 상황에서 특히 샐러먼 스미스 바니(Salomon Smith Barney)나 에버그린(Evergreen), 그리고 드리퓌스(Dreyfus)와 연관되지 않은 작은 기관들에게 가장 현명한 선택은 뮤처얼 펀드와의 인연을 끊고 더 이상의 수익 악화 가능성을 제거하는 것이었다.

불필요한 제품 혜택을 제거하라

"우리는 어떤 제품 혜택을 제거할 수 있을까?"

이게 무슨 소린가?

제품을 좀더 멋지게 보이려고 추가한 것을 왜 제거하려 한단 말인가?

그러나 그렇게 해선 안 될 이유도 없지 않은가?

제품이나 서비스를 '특별하게' 만들기 위해 회사가 추가하는 장식이나 레이스, 그리고 주름들은 결국 일을 망쳐놓는 경우가 많다. 그러니 이들을 제거할 필요가 있다.

- 수년 동안 J. D. 파워 앤 어소시에이츠(J. D. Power and Associates)가 선정한 가장 최고의 서비스 제공 항공사인 콘티넨탈 에어라인(Continental Airlines)의 경우를 살펴보자.

콘티넨탈은 CEO 고든 베튠(Gordon Bethune)의 지휘 아래 '최악'의 항공사에서 '최고'의 항공사로 탈바꿈했다. 아직도 간혹 가다 고장 난 헤드셋을 발견하거나 승무원들이 너무 개성 없어 보인다고 생각하는 사람이 있을 수도 있지만 콘티넨탈은 계속해서 서비스를 혁신해 나가고 있다.

이렇게 서비스를 개선해 나가는 방법 중 하나는 불필요한 특별 서비스들을 제거하는 것이다. 장거리 비행에서 1등석을 없애는 것이 그 예이다. 1등석을 없애고 비즈니스클래스 좌석으로 대체함으로써 (콘티넨탈은 이 좌석들에 '비즈니스 1등석(BusinessFirst)'이란 이름을 붙였다.) 이 항공사는 그동안 1등석을 독차지하던 난골 무료 비행 손님들을 제거하고 상당수의 기업 여행객들을 끌어들일 수 있었다. 이들의 회사는 장거리 비행에서 1등석이 아니라 비즈니스 좌석에 돈을 지불하려 한다.

- 제거에 있어서도 라이벌에게 절대 뒤지지 않으려는 듯, 노스웨스트 에어라인(Northwest Airlines)도 1등석의 식사 트레이에 놓는 두 개의 유리컵 중 하나를 없애기로 했다. "컵을 둘 다 사용하는 승객들은 거의 없기 때문이다."가 항공사측의 설명이다. 그 결과 이들은 연간 15만 달러를 절약할 수 있었다.
- 항공사들 중 최고의 제거 실력을 보여준 곳은 단연 전설적인 사우스웨스트(Southwest)이다. 이 회사는 괴짜 창립자이자 前 CEO인 허브 켈러허(Herb Kelleher) 덕분에 가장 기본적인 필수 사항들만 남겨 놓고 모든 것을 다 제거해 버렸다.

이제는 유명해진 켈러허의 탈관습적인 이야기는 정비, 훈련, 재고 조사에 들어가는 비용을 절감하기 위해 보잉 737이라는 단 하나의 기종만을 운영하기로 결정한 사항에서부터 시작된다. 여타 항공사들처럼 여러 개의 값비싼 허브 공항을 구축하는 대신 사우스웨스트는 지점 대 지점(point-to-point) 연결 방식을 채택하기로 한다. 또한 깔끔하고 단정한 승무원 유니폼 대신 사우스웨스트의 승무원들은 스포티한 폴로셔츠와 반바지를 입기로 한다. 그리고 기내식 대신 땅콩을, 오직 땅콩만을 손님들에게 내오기로 했다.

한편, 이를 통해 사우스웨스트는 미국에서 가장 많은 수익을 올리는 항공사 중 하나가 되었다. 제거를 통해 이룬 혁신이 큰 보상으로 되돌아온 것이다.

제품 혜택을 제거하는 것은 직관에 반하는 것일지도 모른다. 그러나 종종 최고 관리자들이 판매 과정에 도움이 될 것이라 믿는 것이 역효과를 내기도 한다. 그리고 때때로 회사를 궁지에서 구해낼 수 있는 사람은 황제의 새 옷을 비난할 용기를 가진 소수의 용맹한 중간 관리자들이다.

가령 회사 내에서 기업가 정신을 부추기는 현재의 유행은 종종 재앙을 불러오는 공식이 되기도 한다. 진정 혁신적인 회사들은 이 사실을 깨닫고 관리자의 선택권을 제거한다.

- 전국에 체인점을 둔 똑똑한 회사들은 그들의 중간 관리자들이 '안락한 쇼핑 경험을 만들어' 내기 위해 창의성을 발휘하기를 원치 않는다. 그들은 이 중간 관리자들이 그저 직원을 고용하고 해고하며 사람들과 만나고 손님을 맞이하기만을 바란다. 그것이 전부다. 그 이상도 이하도 아니다.

그렇다면 그들은 이 점을 어떻게 확실히 해 둘 수 있을까?

월마트와 홈디포는 모든 매장에 똑같은 배경 음악을 튼다. 갭(The Gap)도 동일한 영상을 전 매장에서 상영한다. 이 똑똑한 소매업자들의 목표는 비용을 절감하고 동일한 쇼핑 경험을 만들어 내며 별로

중요하지 않은 것들을 제거함으로써 지역 관리자들이 정말로 중요
한 것에 집중할 수 있도록 만드는 것이다.

- 마지막으로 이렇게 제거를 통해 이윤의 극대화를 추구하는 진
  정한 선두자로 새턴(Saturn) 자동차를 들 수 있다.

J. D. 파워의 영원한 고객만족 1위 회사인 새턴은 자동차를 판매
할 때 모든 구매자들이 가장 불안해하는 것, 즉 가격 흥정 요소를 제
거한다.

새턴의 '무혼란 무흥정(no hassle, no haggle)' 철학은 매우 간단
하지만 그만큼 혁명적이다. 신제품과 중고품을 막론하고 새턴의 모
든 자동차들은 그 차의 창문에 가격을 달고 있다. 여기서 더 이상 흥
정이란 없다. 당신이 보는 가격 그대로 가져가는 것이다.

흥정에 대한 유인을 제거함으로써 이 자동차 판매 회사는 고객들
이 원하는 바를 확실히 알 수 있었다.

새턴의 자동차들은 엄청난 인기를 누린다. 그리고 품질이나 청렴
결백에 대한 그 회사의 명성은 이러한 가치들이 잘 지켜지지 않는
자동차 업계에서 충분히 존경받을 만하다.

당신이 어떤 종류의 사업에 종사하든지 간에 당신의 제품이나 서
비스에 당연히 있을 것이라 기대되는 장식품 몇 개를 제거함으로써
당신도 성공적인 혁신을 도모할 수 있다.

100퍼센트 보장한다.

고객을 제거하라

"어떤 고객을 제거할 수 있을까?"

모든 고객이 동등한 것은 아니다.

대부분의 사업가들과 심지어 은행가들까지 알고 있는 법칙 중 하나는 바로 80:20 법칙이다. 80:20법칙이란 간단히 말해 전체 매출의 80퍼센트는 전체 영업 인력의 20퍼센트에서 나오고, 회사가 부딪히는 문제의 80퍼센트는 20퍼센트의 직원에게서 비롯되며, 매출의 80퍼센트는 전체 고객의 20퍼센트로부터 나온다는 것이다.

그러나 대부분의 관리자들이 80:20 규칙을 '알고 있다' 하더라도 실제로 그것을 '실천에 옮겨' 부진한 고객들을 제거하는 사람은 안타까울 만큼 적다.

- 홀리데이 인과 인터콘티넨탈 호텔 등 유수 브랜드들을 거느린 세계적인 호텔기업 배스 호텔 & 리조트(Bass Hotels & Resorts)사는 고객 설문조사 결과를 정확히 연구한 결과 과거에 구매한 적이 없는 사람들에게는 더 이상 우편물을 보내지 않기로 결정했다. 그 결과 이 회사는 50퍼센트의 우편 비용 절감과 20퍼센트의 긍정적 답변 증가라는 성과를 얻을 수 있었다.
- 볼티모어에 있는 올퍼스트 뱅크(Allfirst Bank)는 우수 고객에 대한 혜택으로 일반 고객은 절대 보지 못하는 특별한 웹사이트 옵션을 제공한다. 이 웹사이트에서 우수 고객들은 전화 상담을 받을 수 있는 실시간 서비스 담당자들을 파악할 수 있다.

서비스의 질이나 제품의 수익성을 높이기 위해 고객을 제거하는 것은 간단할 수도 있고 복잡할 수도 있다. 다음은 약간 복잡하지만 충분히 해볼 만한 시도들이다.

- 등급 표시: 회사에 얼마나 수익을 가져다 주는지에 따라 고객의 등급을 매긴다. 서비스 직원들은 각각의 등급을 나타내는 표시에 따라 그 고객의 지위를 알아 보고 그에 맞는 방식으로 대우한다.
- 통로 구분: 고객이 그 회사에 갖는 중요성에 따라 고객마다 서로 다른 통로로 서비스를 안내할 수 있다. 한편에서는 회사의 고위급 간부들이 직접 우수 고객들의 문의를 상대한다. 그리고 다른 한편에서는 수익성이 낮은 문의들을 처리하기 위해 음성 메시지가 준비되어 있다.
- 공략 대상 선정: 선택받은 고객들은 그들의 사업적 가치에 따라 수수료를 공제받거나 다른 '비밀 혜택'들을 받는다. 일반 고객들은 그러한 특혜가 존재하는지 전혀 모를 수도 있다.

이것들은 별로 반갑지 않은 고객들을 제거하는 고난이도 기술들이다. 이보다 좀더 간단한 방법은 원하는 고객은 더 활성화시키고 원치 않는 고객들은 돌려보내도록 약간의 변형을 가하는 것이다.

- 한 헬스클럽은 난처한 딜레마에 처했다.

이 헬스클럽의 주요 고객은 그 주변의 대형 건물들에서 일하는 20

대 회사원들이다. 문제는 헬스클럽에 모여 몇 시간씩 반마일도 안 되는 실내 트랙을 어슬렁거리며 돌아다니는 장년층 고객들로 인해 신세대들이 빠져나가고 있다는 것이다.

이 헬스클럽은 분노에 찬 한 80대 노인의 말을 빌자면 '솔로용 기구'들을 설치함으로써 이 문제를 해결했다. 헬스클럽은 트랙을 없애고 그 자리에 로잉머신(rowing machine, 노젓기 기구)과 풀다운머신(pulldown machine), 그리고 계단 오르기 기구 등을 들여놓았다.

곧 장년층들은 다른 곳으로 가버렸고 이 헬스클럽은 좀더 젊고 부유한 새 고객층을 개발할 수 있었다.

고객을 제거함으로써 혁신을 꾀하는 것은 기존 고객들로 인해 활력이 저하된 어느 회사에게나 현명한 방법이 될 수 있다.

무엇을 뒤바꿀 수 있는가?

믿음.

10

마이네케 머플러 할인 매장(Meineke Discount Muffler Shop)의 사장에게는 고민이 하나 있었다.

커다란 문제는 아니었지만 그럼에도 불구하고 애를 태우는 문제였다.

노스캐롤라이나에 위치한 본사에 도착했을 때 그는 이 회사로 걸려오는 지역 전화들을 전화 교환원이 받고 있다는 사실을 알게 되었다. 그리고 대부분 이 회사의 가맹점들에게서 걸려오는 무료 전화들은 자동 응답기가 대답하고 있었다.

가맹점들은 살아 있는 인간과 통화하는 것이 불가능하다고 불평하였다. (익숙한 불평이지 않은가?) 반면 전화 교환원을 통해 들어오는 지역전화들은 대부분 직원들의 사적인 전화이거나 이 지역 상인들의 판촉 전화였다.

이를 간단히 해결할 수 있는 방법은 두 시스템을 서로 맞바꾸는 것이다. 이제 마이네케의 가장 중요한 고객들은 진짜 인간들과 대화할 수 있게 되었고, 이보다 더 중요하게는 이 회사가 자신들의 문제에 관심을 가지고 있다고 느끼게 되었다. 한편 가족이나 복사기 판매상들로부터 걸려오는 전화는 이제 그들이 알아서 해결해야 할 문제가 되었다.

뒤바꾸기

간혹 문제의 해결책이 바로 당신의 코앞에서 기다리고 있을 때가 있다. 그러나 눈에 뻔히 보이는 해결책은 쉽게 간과되기 일쑤다.

이 장에서는 뒤바꾸기 현상, 즉 이미 가지고 있는 요소들을 뒤바꾸거나 경우에 따라서는 재배치하는 것에 대해 살펴볼 것이다. 여기에서는 새로 무언가를 대체할 것도 없고 결합할 필요도 없으며 확대하거나 축소할 이유도 없고 무엇이든 제거할 것도 없다.

무엇을 뒤바꿀 수 있는가의 핵심은 예의 그 예기치 못한 변화에 있다. 어떤 것을 낱낱이 분해한 다음 한번 반대로 시도해 보자. 엔진을 앞에다 둘 것인가 아니면 뒤에다 둘 것인가? 위와 아래를 바꾸거나 앞과 뒤를 뒤바꿔 보고 어떻게 변하는지 한번 살펴보자.

이제 여러분도 판을 뒤엎을 준비가 되었는가? 뒤바꾸는 방법에는 다음과 같은 것들이 있다.

> 1. 행동을 뒤바꿔라.
> 2. 전달 방법을 뒤바꿔라.
> 3. 관행을 뒤바꿔라.
> 4. 요소들을 재배치하라.
> 5. 정책을 뒤바꿔라.
> 6. 전략을 뒤바꿔라.

행동을 뒤바꿔라

- 월터 크라이슬러(Walter Chrysler)라는 이름의 한 젊은 철도 기계공은 열심히 돈을 모아 최신식 피어스 애로우(Pierce-Arrow) 모터 세단을 샀다. 그런 다음 그는 단지 자동차가 어떻게 만들어졌는지 보기 위해서 자동차를 조각조각 분해하고 다시 합쳐 보았다. 뭔가를 거꾸로 보는 것은 새로운 시야에 눈을 뜨는 기회가 될 수 있다. (첫 번째 크라이슬러 자동차는 그해 자동차 쇼에서 가장 큰 센세이션을 불러일으킨다.)

- 세계 2차 대전 중, 헨리 카이저(Henry Kaiser)는 선박을 더 빨리 만드는 방법을 발견해 냈다. 그가 생각해 낸 아이디어란 가령 갑판실처럼 한 부분 전체를 위아래로 뒤집어서 만드는 것이었다. 이렇게 하면 용접공들은 머리 위로 작업하는 대신 좀더 편안한 자세에서 일할 수 있게 된다.

- 잔디깎이 기계는 항상 깎은 잔디를 밖으로 던져내는 배출구를 가지고 있었다. 그러다가 깎은 잔디들을 담기 위한 부착용 가

방이 나왔다. 그러던 어느 날 어떤 똑똑한 친구가 완전히 형세를 뒤바꿨다. 그는 잔디를 쓰레기통에 버리는 대신 그냥 잔디밭에 놔두는 것이 더 낫다고 생각했다. 깎은 잔디를 모아다가 비료나 퇴비로 쓰는 것이다. 그래서 탄생한 것이 짜잔~! 바로 멀칭 머신(mulching machine)[1]이다.

그리고 진공청소기 이야기도 있다.

1870년대 어느 날 밤, 한 런던 레스토랑에서 휴버트 세실 부스(Hubert Cecil Booth)라는 엔지니어가 입에 손수건을 대고 벨벳 소파에 가까이 다가간 후 숨을 내뱉는 것이 아니라 들이마셨다. 그의 손수건 뒷면에는 얇은 먼지막이 형성되어 있었다. 그 시점까지 방을 '청소'한다는 것은 석탄으로 전원을 공급받는 선풍기를 사용해 먼지를 사방으로 날려버리는 것을 뜻했다. 이것은 그 가까운 주변에는 효과가 있을지 모르지만 (커튼이나 의류는 말할 것도 없고) 벨벳으로 된 소파를 먼지 저장소로 바꿔 놓았다.

부스는 더 이상 먼지를 날려 보내는 것이 아니라 이와 반대로 빨아들이는 것이 해결책이라는 것을 깨달았다. 그래서 그는 공기를 베갯잇 속으로 빨아들여 먼지를 붙잡아두는 선풍기를 고안해 냈다. 빅토리아 여왕은 버킹엄 궁전을 위해 이 선풍기를 두 대나 샀다. 곧 작은 무리의 남자들이 말로 기계를 끌고 거리를 돌아다니면서 "진공청소 해 드립니다!"를 외치기 시작했다. 이들은 먼지를 빨아들이는

---

1 멀칭(mulching)이란 농작물이 자라고 있는 땅을 짚이나 비닐 따위로 덮는 일을 말한다. 농작물의 뿌리를 보호하고 땅의 온도를 유지하며, 흙의 건조·병충해·잡초 따위를 막을 수 있다. 멀칭 머신은 이 작업을 하는 기계이다.

서비스를 제공했다. 30년 후 이보다 훨씬 발전된 모델을 가지고 후버(Hoover), 유레카(Eureka), 일렉트로룩스(Electrolux) 등이 등장했다. (이 진공청소기 제조업자들은 그 당시의 하이테크 회사들이었다. 말하자면 그 시대의 인텔이라고나 할까?)

혹시 당신이 만들거나 유통하는 물건에도 '안'과 '밖', 또는 위아래나 음양이 있다면 잠시 휴버트 세실 부스를 기념하는 시간을 갖도록 하자. 당신의 제품을 뒤바꾸면 어떤 일이 일어날까?

전달 방법을 뒤바꿔라

모터가 달린 물건에 대해 좀더 얘기하면 전력 발전 산업 자체에 대해 생각해 볼 수 있겠다. 가장 오래된 방법은 거대한 중앙 발전소를 지은 다음 전선 등을 통해 전기를 필요로 하는 공장이나 가게, 학교, 가정으로 전력을 실어 나르는 것이었다.

하지만 이제 이러한 전달 방법을 뒤바꿔서 생각해 보자. 요즘은 소형 전력발전이 점점 붐을 이루고 있다. 에너지 회사들은 공장이나 가게, 학교, 그리고 일반 가정에 찾아가 소형 터빈을 설치해 준다. 이렇게 되면 그동안 골치 아팠던 유통 과정이 사라지게 된다.

좀더 개인적인 차원으로 내려가면 가장 성가신 병원 절차에서도 이와 같은 뒤바꾸기 현상이 일어나고 있다. 일반적으로는 간호사나 병원 직원들이 환자에게 약을 가져가는 것이 상례다. (그러면 환자복을 입고 있는 당신은 궁금해 한다. "이 분량이 맞을까?" 또는 "이것이 정말 내 약이 맞을까?" 등.)

그러나 이제는 환자들이 직접 자신의 약 중 일부를 처리할 수 있도록 해 놓았다. 이렇게 전달의 방향을 전환함으로써 병원은 의료 도우미들의 작업량을 줄일 수 있었고 환자는 더 많은 통제력을 가질 수 있었다.

당신의 제품을 전달하는 방법은 어떤가? 전달 방법을 바꿔서 최종 사용자에게 좀더 가까이 당신의 제품이나 서비스를 가져가는 것은 어떨까?

관행을 뒤바꿔라

패션 파파라치들과 패션 업계 종사자들은 브래지어 끈에 많은 관심을 보여 왔다.

여성들이 속이 비치는 브래지어 끈을 괜찮다고 여긴 적은 한 번도 없는 것 같다. 하지만 남아메리카에서 온 한 혁신은 이 결함을 패션으로 바꿔 놓는다. 그 혁신이란 무엇일까? 바로 투명 끈이다. 이것은 빅토리아 시크렛 카탈로그 표지에 등장한 이후 유명 부띠크에서 불티나게 팔려 나가기 시작한다.

중요한 것은 만약 색상이 들어간 끈이 문제라면 이것의 반대는 무색이라는 것이다!

할리우드도 뒤바꾸기의 기술을 보여 줄 수 있다. 영화의 관행은 항상 플롯을 전통적이고 선형적인 방식으로 전개하는 것이었다. 가령 특이한 갱 멤버들이 나와 사소한 일로 다투다가 함께 범행 계획을 짜고 실행에 옮긴다. 또는 소녀가 소년을 만난 다음 헤어졌다가 투명 끈이 달린 브래지어를 입자 소년이 다시 돌아오고 해피 엔딩으로 끝나는 것이다.

- 2001년에 나와 깜짝 성공을 거둔 〈메멘토Memento〉라는 영화를 기억하는가? 이 영화의 필름 누아르적인 플롯은 말 그대로 거꾸로 전개된다. 가장 나중에 일어난 살인과 복수 사건이 영화의 가장 처음에 등장한다.
- 니콜 키드만이 등장했던 공포영화 〈디 아더스The Others〉를 본 적이 있는가? 이 영화는 자연의 질서를 역전시킨다. 영화는 사람이 아니라 유령의 관점에서 이야기를 전개하는 것이다. (안 보이는 것은 이제 유령이 아니라 살아 있는 인간들이다.)
- 그렇다면 엄청난 성공을 거둔 〈슈렉Shrek〉이라는 애니메이션은 어떤가? 이 영화는 동화의 관습을 완전히 뒤집는다. (왕자님은 킥 복서이고 신데렐라와 백설 공주는 결혼식에서 격투를 벌인다.)

대부분의 회사 이름은 특정한 순서로 나열된다. 그러나 이것도 충분히 뒤바꿀 수 있다.

이러한 관행은 미국 남북전쟁에서 포토맥 군대를 이끌던 사령관 중 한 명인 제너럴 앰브로스 에버렛 번사이드(General Ambrose Everett Burnside)로부터 유래한 듯하다. 귀에서 내려와 볼까지 자라는 그의 풍성한 구레나룻은 그의 대표적인 특징으로서 일종의 유행을 일으켰다. 사람들은 그의 이름을 따라 그 수염을 '번사이드'라 불렀다. 그러나 세기가 바뀌면서 이 단어도 언어학에서 말하는 전치(transposition) 현상을 겪는다. 이렇게 하여 번사이드는 '사이드번

(sideburn)'이 된다.

이러한 사이드번 현상은 이후에도 많이 나타난다. 패스마크
(Pathmark)의 지주회사는 자신의 새 이름으로 'General Super-
markets Corporation'과 같은 무미건조한 이름을 지을 수도 있었다.
그러나 이들은 단어의 순서를 바꿔 좀더 사람들의 이목을 끌 수 있었
다. 이들이 새로 지은 이름은 'Supermarkets General'이다.

이것은 미국 공영방송협회의 이름인 'Corporation for Public
Broadcasting'의 경우도 마찬가지다. 이 이름도 자연적인 순서를
거스른다.

요소들을 재배치하라

- 선수들이 베이스에 나가질 못하고 있다. 그리고 4번 타자들도
  야구장 바깥으로 공을 쳐 내지 못하고 있다. 이럴 때 야구 감독
  은 선수 라인업을 다시 짜 봐야 한다.
- 고객들이 통로에서 길을 잃고 헤매고 있다. 그들은 자신들이
  원하는 상품을 찾을 수가 없다. 이 가게의 평면도를 다시 배치
  해야 할 때이다.
- 컴퓨터 모니터가 너무 많은 아이콘으로 엉망이 되었다. '클린
  업' 명령을 실행해야 할 때이다.
- 거실이 너무 밋밋하고 지루해졌다. 이제는 가구를 재배치할
  때다.

많은 회사에게 지금은 '재배치(rearrangement)'의 시간이다.

미국에서의 쇼핑 경험을 한번 떠올려 보자. '가장 폭넓은 선택'은 전문 소매업에서 일종의 진리가 되었다. 그러나 제7장에서 지적한 바와 같이 사람들은 크고 많은 것에 대해 애증의 관계를 동시에 갖고 있다.

크다는 것이 지나칠 수도 있는가? 이것은 대형 마트 혹은 업계에서 이들을 가리키기 위해 사용하는 애칭인 '카테고리 킬러(category killer)'에게는 중요한 이슈이다. 그리고 회사 가치가 450억 달러에 이르는 홈디포는 지난 6년 동안 『포춘Fortune』에서 선정한 '미국에서 가장 사랑받는 전문 소매 기업'이었음에도 불구하고 이 문제에 대해 고심하고 있다. (리더는 항상 자신에게 비판을 가하고 자신의 강점에 도전하는 용기를 지녀야 한다.)

어마어마한 다양성이야말로 이 대형 슈퍼마켓 체인을 1위의 자리로 올려놓은 핵심적 컨셉이었다. 그러나 다양성이 삶의 양념이 될 수도 있지만 너무 많은 양념은 속병을 초래할 수도 있다. 일단 그들의 거대한 매장을 가득 메우고 있는 끝없는 재고들을 관리하는 문제가 있다.

25피트나 되는 거대한 상자에서 올바른 물건을 찾아내려고 애쓰는 가엾은 직원들을 떠올려 보라. 컴퓨터에서는 재고가 있다고 말할지도 모르지만 그것을 찾는 것은 또 다른 문제이다. 그리고 너무 많은 다양성은 소비자를 혼란에 빠뜨리는 문제를 초래한다. 싼 가격을 찾아 어디든 돌아다니는 열성적인 사냥꾼들은 통로의 미로 속에서 수천 가지의 가능성을 즐길 수도 있을 것이다. 하지만 이보다 덜 열성적인 쇼핑객들은 똑같은 구조에 좌절하고 심지어 이것이 위협적이라고까지 여긴다.

시간에 쫓기는 사람들이 많아짐에 따라 점점 더 많은 사람들이 가격은 좀 비쌀지 모르지만 좀더 빨리 물건을 살 수 있는 지역 쇼핑 센터나 동네 가게를 선호하게 되었다. 연령대가 높은 소비자들은 종종 거대한 주차장 한 구석에 차를 주차시킨 다음 물건 한 보따리를 다시 끌고 와야 한다는 생각 때문에 쇼핑 자체를 포기하는 경우도 있다. 말썽꾸러기 아이들을 끌고 다니는 젊은 부부들은 사람을 어리둥절케 하는 매장의 공간 배치에 대해 다시 생각해 볼 겨를이 없다.

그렇다면 카테고리 킬러는 어떻게 해야 하는가? 구성 요소들을 다시 배치하는 것이 하나의 답이 될 수 있다.

어떤 매장들은 재고를 줄이고 통로를 넓힌다던지 선반을 낮추고 조명을 더 밝게 하는 등 좀더 접근 가능한 인테리어를 만들고 있다. 또 어떤 매장들은 패스트푸드나 인터랙티브 디스플레이, 또는 사람들을 좀더 오래 머무르게 하는 것이면 무엇이든지 들여놓음으로써 좀더 축제적인 쇼핑 경험을 만들어 내기 위해 노력하고 있다.

홈디포는 적어도 두 가지 방법으로 자신의 구성 요소를 재배치하고 있다.

- 하나는 빌리저스 하드웨어(Villager's Hardware)라는 이름의 소규모 테스트 상점이다. (이름에 주목하라. 이 이름은 자신이 지역적이고 친근하며 접근하기 쉽다고 말한다. 여기서 거대한 것은 찾아볼 수 없다.) 모회사의 3분의 1 정도로 규모를 줄이고, 오지(Ozzie)나 해리엇 메인 스트릿(Harriet's Main Street)과 같은 인디 철물

점 체인을 모델로 한 이 꼬마 홈디포는 간단한 수리를 위해 거대한 홈디포 매장을 뒤지며 돌아다니고 싶어 하지 않는 손님들을 목표로 한다.

- 다른 하나는 엑스포 디자인 센터(Expo Design Center)라는 이름의 인테리어 디자인 미니체인이다. (홈디포는 캘리포니아의 라구나 니구엘이나 플로리다의 보인톤 비치 등 부유한 지역에서 이러한 체인점을 이미 25개나 두고 있고 앞으로 200개를 더 지을 계획이라고 한다.) 이 상점의 컨셉은 혼자서 집을 개조하는 것에 지친 고객들을 겨냥하는 것이다. 엑스포 디자인 센터는 인테리어 장식품의 선택폭을 좀더 줄이고, 프로젝트 코디네이터가 총괄하는 설치 서비스 및 전문 디자인 컨설턴트 서비스를 갖추고 있다. 이를 통해 이들은 높은 고객 만족도를 얻을 수 있었다.

성공이 제공하는 여유 중 하나는 한발 뒤로 물러서서 고객의 지갑과 자신의 사업에 대해 자세히 살펴볼 수 있다는 것이다. 당신 매장의 물건들도 다소 뒤죽박죽일지도 모른다. 그렇다면 구성 요소들을 재배치해 보는 것은 어떨까?

정책을 뒤바꿔라

전통에 손대면 더 큰 어려움에 봉착할 수도 있다. 어떤 문제들에 대해 사람들은 해결하지 않고 그냥 놔두길 선호하는 경우가 있다. 그들은 오래된 방식을 좋아한다.

• 야구장에서 땅콩을 까먹는 것만큼이나 오랜 전통을 갖는 일도
없을 것이다. 7이닝 정도 되면 자연스럽게 당신의 발목은 땅콩
껍질로 뒤덮여 있게 된다. 껍질 더미를 피하기 위해 해리 스티
븐스(Harry M. Stevens)는 미리 껍질을 제서한 땅콩을 셀로펀
포장지에 담아서 선보이기로 했다. 이 얼마나 깔끔한 해결책인
가? 그러나 사실은 그렇지 않았다. 야구팬들은 광분했다. 매출
은 추락했고 불평이 쏟아져 나왔다. 곧 사람들은 다시 땅콩 껍
질을 밟으며 걸어 다니기 시작했다.

많은 회사들이 인건비와 생산비를 줄이기 위해 해외로 나간다. 전
자부품을 제조하는 미국 중서부의 찰스 인더스트리즈(Charles
Industries, Ltd.)도 예외가 아니었다. 그러나 회사가 점점 성장함에
따라 그 회사는 해외 생산이 일으키는 문제들, 가령 불안정한 품질
관리, 높은 운송비 및 재고조사 비용, 일관되지 못한 서비스 등에 직
면해야 했다.

이에 대한 해결책은 무엇일까? 바로 여행의 방향을 돌려 다시 고
향으로 돌아오는 것이다.

이 회사는 필리핀에 있는 공장을 폐쇄하고 일리노이 주의 공장을
확장하기로 결정했다. 또 서인도 제도의 아이티에 있는 공장도 문을
닫고 이를 인디애나로 이동시켰다. 그런 다음 멕시코의 생산 라인을
본사와 가까운 일리노이의 롤링 메도우즈 지방으로 옮겼다.

대도시와 다르게 지방에서는 1제곱피트 당 약 15달러면 공장을
지을 수 있다. 대도시에서 이 비용은 90달러로 올라간다. 물론 지방
이라 해도 인건비는 해외보다 여전히 높다. 그러나 그 대신 생산성

이 향상되었고 반품율도 훨씬 줄어들었다. 고향으로 돌아온 후 찰스 인더스트리즈는 1억 2천만 달러의 수익 수준으로 성장할 수 있었다.

당신의 회사도 몇 가지 정책들을 액자에 새겨놓았을 것이다. 그러나 어쩌면 지금이 그러한 정책을 예전으로 다시 돌려놓아야 할 때는 아닐까?

전략을 뒤바꿔라

플라톤은 『대화편Dialogues』에서 이렇게 말한 바 있다. "아들아, 넌 너무 어린단다. 시간이 지나면 지금 네가 생각하고 있는 것들이 많이 달라져 있거나 심지어 예전의 생각으로 돌아가 있을 수도 있단다."

그렇다. 시간은 항상 변한다. 종종 시간은 사업 전략을 다시 생각해 보고 심지어 뒤바꿀 것을 요구하기도 한다.

왜 그런가? 빠르게 변하는 신기술과 고객들의 태도 변화, 그리고 세계화에 따른 경쟁 심화 등이 그 이유이다. 이것들은 많은 이들을 주식 폭락의 경험으로 내몰기도 했다.

이제 이것들이 강력한 이사회와 만나게 되면 많은 CEO들의 노력은 수포로 돌아가게 된다. 그래서 대부분의 비즈니스 저널에서 어떤 회사가 "기본으로 돌아가고 있다"는 기사를 읽게 되는 것도 그리 놀라운 일은 아니다.

• 시어스(Sears)는 올스테이스 인슈런스(Allstate Insurance)와 다

른 금융 서비스에서 손을 떼고 가전제품과 생활 용품, 그리고
의류 사업으로 되돌아갔다.

- 퀘이커 오츠(Quaker Oats)와 제너럴 밀스(General Mills), 그리고 P&G는 모두 그들의 핵심 브랜드와 사업에 다시 주력하고 있다.

- 브리스톨 마이어스 스큅(Bristol-Myers Squibb)은 클레롤(Clairol)[2] 헤어 제품 사업을 버리고 의약품만 다루는 근본으로 돌아가겠다고 선언했다.

- 영국의 홀랜드 & 홀랜드(Holland & Holland)는 '회사의 시야를 재조정'하고 주요 패션 브랜드가 되겠다는 꿈을 접겠다고 발표했다. 대신 그 회사는 맞춤용 총기류와 전원풍의 리조트 웨어(resort wear)를 생산하는 근본으로 돌아가고 있다.

- 하워드 존슨 호텔 & 인(Howard Johnson Hotels & Inns)은 무리한 확장 계획에 착수하였다가 품질이 급격히 저하되면서 이들의 유명한 오렌지색 지붕의 인지도도 급격한 저하를 겪는다. 이 회사는 200개의 호텔 문을 닫고 자신의 기본에 충실하기로 하였다.

- 온라인 은행들은 인터넷이 은행업에 혁명을 일으킬 것이라고 예상했다. 그들은 유지비가 많이 드는 은행 지점들을 없애면 고객들에게 한층 더 높은 저축 이자와 저비용의 대출을 제공할

---

2 클레롤(Clairol)은 머리 염색약, 헤어 스프레이, 샴푸, 헤어 컨티셔너를 포괄하는 헤어제품 브랜드이다. 프랑스의 염색약 브랜드를 1931년 미국의 로렌스 겔브와 조앤 클레어가 인수하여 발전시키다가 1957년에 제약회사 브리스톨 마이어스 스큅(Bristol-Myers Squibb)이 이 회사를 인수하였다. 2001년에 브리스톨 마이어스 스큅은 클레롤 브랜드를 P&G에 매각한다.

수 있게 되리라고 기대했다. 그러나 현실은 어땠을까? 처참한 실패를 경험하고 난 후 온라인 은행들은 이제 전통적인 동료들을 끌어안기 시작했다. 그들은 전략을 바꿔 기존의 금융회사들과 제휴 관계를 맺거나 심지어 직접 지점을 설치하고 있다.

간혹 성공적이라 여겨지는 회사들도 발을 잘못 디디거나 고꾸라질 수 있다.

- 자신만의 서비스와 고객 설정을 통해 차별화를 이뤄냈던 성공적인 지역 항공사로 미드웨스트 익스프레스 에어라인(Midwest Express Airline)의 경우를 생각해 보자.

이 회사는 미국 전체 비행기 운행량의 1퍼센트도 못 미치는 조그마한 항공사이다. 그러나 서비스 우수상을 여러 차례 수상한 바 있고 자신의 비즈니스 여행객들로부터 열렬한 지지를 받고 있다.

미드웨스트 익스프레스에 탑승하는 즐거움을 누려 보지 못한 사람들을 위해 설명을 좀 드리자면, 이 회사가 이토록 열렬한 환호를 얻는 데에는 몇 가지 이유가 있다. 입구에서는 무료 커피와 신문이 제공되고 2개씩 배치된 넓은 가죽 좌석에 무료 샴페인과 스테이크, 그리고 새우 요리가 식사로 제공되며 신선한 과자와 세심한 서비스, 그리고 이 모든 것을 기본 보통석 요금으로 제공하는 것이다.

이 회사의 틈새 시장은 캔자스시티와 밀워키, 오마하에 위치한 허브 공항들을 통해 미국 동부와 서부 해안에 위치한 비즈니스 센터로 논스톱 비행을 제공하는 것이다. 미드웨스트 익스프레스의 주요 수

입원은 훨씬 전부터 비행기를 예약하는 휴양객들이 아니라 기업인들이다.

그러나 이 항공사가 인디애나폴리스에 추가로 허브 공항을 세우려고 했을 때 심각한 난항이 예상되었다. 이 허브 공항의 비행 중 절반은 속수무책으로 막힐 것이 뻔한 뉴욕의 라구아디아 공항으로 가는 것이었기 때문이다.

"브랜드의 인지도를 높이려다가 오히려 2시간이나 비행이 늦어질 판이다." 이 항공사의 회장은 노발대발했다. 해결책은 무엇이었을까? 그것은 비행기의 기수를 돌리는 것이었다. 결국 미드웨스트 익스프레스는 인디애나폴리스로부터 철수하였다.

- 뒤바꾸기의 또 다른 예는 레고 장난감의 고향인 덴마크에서 찾아볼 수 있다.

2000년, 이 회사는 68년의 역사에서 단지 두 번에 불과한 연간 적자를 기록한다. 무엇이 잘못되었던 것일까? 그것은 이 회사가 잘못된 조언을 받아들여 기술 제품과 아기 용품, 의류 및 시계와 같은 '라이프 스타일' 제품들로 사업을 다양화했기 때문이다.

경영진은 당장 시계 사업에서 손을 떼라는 지시를 내렸다. 최고 경영자인 크리스티얀센(Kristiansen)은 적자가 "부끄럽고 너무나 불만족스럽다"고 말했다. 그리고 레고가 자신의 전통적인 핵심 사업인 레고 블록과 다른 게임들에 다시 집중하게 될 것이라고 말했다.

자신을 뒤바꾸는 데에는 용기가 필요하다.

그러나 당신이 기존 군대를 재배치하고 투자를 재조정하고, 그리

고 후일 다시 싸울 수 있다는 것을 깨닫게 될 때, 그 용기는 반드시
당신에게 보답으로 돌아온다.

무엇을 되살릴 수 있는가?

만약

11

사람들은 현실에서 쉽게 찾지 못하는 것을 원한다. 그들은 자신들에
대한 어떤 낭만, 그러나 사실적인 낭만을 원하는 것이다.

전설적인 피터만(Peterman) 사의 카탈로그는 이렇게 시작한다. 이
카탈로그는 225달러의 Windowpane 블레이저[1], 135달러의 딜런
토머스(Dylan Thomas) 터틀넥 스웨터, 180달러의 인디언 엘리펀트
(Indian Elephant) 카프탄[2]을 판매하는 우편 주문 업계의 교과서이
다. 이들은 모두 약간 으슬으슬한 여름밤 야외에서 입기에 딱 안성
맞춤인 제품들이다.

1987년 창립 당시부터 제이 피터만 컴퍼니(J. Peterman Company)
의 제품들은 또 다른 시간과 장소를 환기시켰다. 그들은 엘엘빈(L.L.

---

1 블레이저(blazer)는 운동선수들의 화려한 유니폼 상의를 뜻한다.
2 카프탄(caftan)은 원래 터키 등 중동 사람들이 입는 소매가 길고 띠가 달린 긴 옷을 뜻하는 말로서 이
  러한 스타일의 여성 드레스를 지칭한다.

Bean)이나 제이크루(J. Crew)의 세속적인 제품들과는 달리 좀더 품격 있고 열정적이었다. 그러다가 전혀 낭만적이지 않은 부채와 현금 흐름 문제로 2000년 회사가 파산 보호 신청을 내게 되면서 이러한 경향도 중단되었다.

그러나 세상에서 가장 놀라운 일이 일어났다. 그것은 〈사인펠드 Seinfeld〉와 함께 찾아왔다.

이 기상천외한 TV 시트콤의 기상천외한 여자 주인공 엘레인은 시트콤 내에서 이 기상천외한 카탈로그 판매 회사와 그 회사의 기상천외한 창립자 존 피터만을 위해 일하는 것으로 나온다. 한편 극중에서 존 피터만의 역(役)은 기상천외한 코미디 배우 존 오헐리(John O' Hurley)에 의해 흥미진진하게 펼쳐진다.

보시다시피 이것은 무척이나 기상천외하다. 그러나 텔레비전에서는 기상천외함이 통한다. 그리고 오헐리가 연기한 피터만은 수백만 명의 〈사인펠드〉 팬들의 사랑을 받는 인물이 되었다.

그러자 세상에서 두 번째로 놀라운 일도 일어났다. 제이 피터만 컴퍼니가 되살아난 것이다. 2001년 여름 CNBC에는 진짜 존 피터만이 나와 자신의 자서전 〈피터만, 다시 비상하다Peterman Rides Again〉의 출판 소식을 알리고 그 어느 때보다 강해진 제이 피터만 컴퍼니의 부활을 기념했다. 창립자 옆에는 이 회사의 새 홍보 대사인 존 오헐리가 동석하였다.

혹자는 이러한 일을 "삶을 예술이 모방하고 그 예술을 다시 삶이 모방하는 것"이라 부를 수도 있을 것이다. 한편 우리는 이것을 '과거의 것을 되살리는 행위(bringing back)'라 부르고자 한다. 당신도 다시 한번 소생시키고 싶은 과거를 가지고 있는가?

되살리기

소비 심리학자 캐롤 무그(Carol Moog) 박사는 이전의 상태를 되살리는 행위를 이렇게 설명한다.

> "유산(遺産, heritge)의 심리학적 중요성은 이를 통해 사람은 자신이 살아있을 권리를 찾을 수 있을 뿐 아니라, 자신의 현재적 삶으로부터 죽음을 거쳐 다음 세대로 연결되는 일련의 연속선상에 참여할 수 있게 해 주는 힘에서 유래할지 모른다. 이러한 연결 고리는 일종의 불멸과 연결되는 연결 고리인 셈이다."

이 말의 의미는 사람들이 예전의 것에 애착을 느낀다는 것이다. 그것은 어떤 생각이 될 수도 있고 제품이나 사람, 가치, 문화가 될 수도 있다. 즉 우리보다 먼저 존재한 것들의 유산 말이다. 우리가 친숙함을 느끼는 것에는 어떤 호감과 편안함이 내재해 있다.

〈지붕 위의 바이올린Fiddler on the Roof〉에서 제로 모스텔(Zero Mostel)이 연기한 테비에는 "전통, 전통!"을 외친다. 그리고 그는 옳았다. 우리는 전통을 갈망하고 숭배하며 간절히 원한다.

- 모성에서 애플파이까지
- 올드 블루 아이즈(Old Blue Eyes)[3]에서 골반뼈 엘비스(Elvis the Pelvis)[4]까지

---

3 가수 프랭크 시내트라의 애칭이다
4 엘비스 프레슬리는 섹시한 골반춤으로 이런 별명을 얻었다.

- 빅 블루(Big Blue)[5]에서 마벨(Ma Bell)[6]까지
- 파이팅 아이리시(Fightin' Irish)[7]에서 양키의 줄무늬까지

전통은 어디서나 군림한다

이것이 바로 TV나 영화, 브로드웨이 뮤지컬, 음반 등 사회에서 최신 유행을 선도한다는 분야들이 아무런 망설임도 없이 이전의 상품을 다시 가져와 새 고객층에게 전달하는 이유이다.

- 스페인 텔레비전에서는 〈미녀 삼총사Charlie's Angels〉가 부활되었고 미국 텔레비전에서는 〈할리우드 스퀘어The Hollywood Squares〉가 부활되었다. 고전 드라마 재방송 전문 채널인 〈닉앳나잇Nick at Nite〉도 잊지 마라.
- 알프레드 히치콕의 〈사이코〉는 여전히 매력적인 앤소니 퍼킨스를 주인공으로 리메이크되었다. 그리고 〈대부〉, 〈리셀 웨폰〉, 〈비벌리힐스 캅〉, 그리고 불멸의 〈버니네 집에서의 주말〉과 같은 성공적인 시리즈들을 잊을 사람이 어디 있겠는가?
- 브로드웨이는 멜 브룩스(Mel Brooks)의 셀룰로이드 컬트 클래식 〈프로듀서스The Producers〉가 다시 나와 전례 없는 흥행을 기록함에 따라 뿌리 채 뒤흔들렸다.
- 음반 산업에서 가장 잘나가는 기술은 예전 가수들의 노래를 '재포장' 하는 것이다. 벅윗 자이데코(Buckwheat Zydeco)는 롤

---

5 IBM의 별명이다. IBM 제품들이 청색을 기조로 하는 것에서 유래하였다.
6 미국 전신 전화 회사 AT&T나 벨 오퍼레이션 회사의 속칭이다.
7 파이팅 아이리시는 노트르담 대학의 미식축구 팀으로서 미시간 대학과 쌍벽을 이룬다.

링스톤즈 믹 재거(Mick Jagger)의 〈Under My Thumb〉을 리메이크 했고 유비 포티(UB 40)는 소니 앤 셰어(Sonny & Cher)의 〈I Got You Babe〉를 다시 불렀다. 리앤 라임즈(LeAnn Rimes)는 프린스의 〈Purple Rain〉을, 퍼즈페이스(FuzzFace)는 밥 딜런의 〈The Mighty Quinn〉을 리메이크 했다.

당신은 이 모든 것이 좋은 아이디어를 생각해 내는 것과 무슨 상관이 있는지 의아해할 수 있다. 그러나 많은 상관 관계가 있다. 훌륭한 아이디어 기술은 당신의 유산과 전통 또는 문화에서 그 당시에도 훌륭했고 오늘날에도 훌륭할 수 있는 무언가를 다시 가져오는 것을 의미할 수도 있다.

당신은 무엇을 되살릴 수 있는가?

회사의 규모, 역사, 세력에 상관없이 어떤 회사든 다시 새 출발하기 위해 자신의 전성기로부터 무언가를 가져 올 수 있다.

마이크로소프트 사의 경우를 생각해 보자.

세계에서 가장 강력한 회사이자 세계 제1의 갑부에 의해 경영되고 있는 이 회사는 2000년에 대대적인 위기를 맞는다. 주(州) 지방 검사들의 맹렬한 집단 추격과 워싱턴 지방 법원의 토머스 잭슨(Thomas Penfield Jackson) 판사의 공격으로 호되게 당한 후 이 소프트웨어 업계의 선두 주자는 파산 일보 직전 상태까지 갔다.

그러나 회사는 살아 남았고, 정부의 독점 단속 여파 속에서도 빌

게이츠는 회사를 예전의 찬란했던 영광의 상태로 되돌려 놓으려 했다. 그는 마이크로소프트의 윈도우 오페레이팅 시스템을 인터넷으로 옮기는 야심찬 넷 전략을 도입함으로써 이를 달성할 수 있을 것이라고 생각했다.

예전의 상태를 되찾기 위해 빌 게이츠는 그를 도와 새로운 전략과 제품을 고안할 팀으로 마케터와 제품 매니저, 핵심 간부들로 팀을 구성하는 평범한 기업 개발 전략을 단번에 일축했다. 대신 그는 독점 규제가 일어나기 전 마이크로소프트를 영광의 자리로 올려놓은 메커니즘을 다시 들고 나왔다.

빌 게이츠는 다섯 명의 엔지니어들로 이루어진 탄탄한 내부팀을 만들어서 이 새로운 도전과 관련된 모든 것을 처리하도록 했다. 이 것은 그가 마이크로소프트를 만드는 것을 도울 또 다른 전문가 집단(brain trust)을 끌어들이기 위해 20년 전에 사용한 접근방법과 정확히 일치하는 것이었다.

경영 대학에서 흔히 말하듯, "빌 게이츠에게 좋은 것은 얼간이에게도 좋은 것이다." (이렇게 가르치지 않는 경영 대학이 있다면 이렇게 가르쳐야 한다.) 마이크로소프트 사가 영감을 얻기 위해 예전의 좋은 시절로 되돌아가듯, 당신의 회사도 예전의 시절로 되돌아감으로써 재개의 실마리를 얻을 수 있을지도 모른다.

당신은 무엇을 다시 가지고 오겠는가? 여러 가지가 있을 수 있다.

> 1. 예전의 문화를 되살린다.
> 2. 예전의 가치를 되살린다.
> 3. 예전의 메시지를 되살린다.
> 4. 예전에 히트친 것과 놓쳤던 것을 되살린다.
> 5. 예전의 노장을 되살린다.

이들 중 어떤 것이든 회사가 다시 일어서는 데 필요한 영감을 제공해 줄 수 있다.

예전의 문화를 되살리기

"예전의 문화 중 어떤 요소를 되살릴 수 있을까?"

모든 회사마다 회사 고유의 사람과 절차, 제품을 지니고 있듯이, 회사 고유의 전통과 유산, 문화도 있게 마련이다.

좋든 싫든 똑같은 문화와 전통을 가지고 있는 회사는 없다. 모두 다른 평가 기준에 따라 일하고 다른 종류의 형식을 따르며, 다른 유형의 사람들에 의해 감독받는다. 그리고 문화가 발전하는 데는 여러 해가 걸린다.

그러므로 티파니의 세련된 스타일이나 사우스웨스트 항공사의 친근함, 그리고 모건 스탠리의 명성은 그냥 저절로 생기는 것이 아니다. 그들은 모두 시간을 거쳐 양성되고 유지되어야만 미래 세대에게 전달될 수 있다.

새로운 경영진과 경기 변동을 거치며 문화를 유지하는 것은 결코 쉬운 일이 아니다. 그래서 그렇게 많은 '문화 컨설턴트'들이 설치고 다니는 것이다. 많은 회사들이 애초에 "자신이 성공할 수 있었던 이유를 잊어버린다."

만약 승리의 문화를 되살릴 수 있다면 당신의 회사도 다시 한 번 승리할 가능성이 높아질 것이다.

- 비알콜 업계에서 가장 유명한 음료수인 코카콜라는 이것을 매우 어렵게 배울 뻔 했다.

역사상 가장 많이 인용되는 마케팅 실책 중 하나로 코카콜라의 전설적인 회장 로베르토 고이주에타(Roberto Goizueta)의 일화가 있다. 그는 좀더 단 맛이 나는 '뉴 코크'를 위해 예전의 코카콜라 포뮬라를 기꺼이 던져버리고자 했다.

약 1분 30초 동안 말이다.

이것은 코카콜라 애호가들이 바리케이드를 에워싸고 그 맛이야 어찌됐건 예전의 코카콜라 포뮬라를 복원하라고 요구하는 데 걸린 시간과 비슷하다.

고이주에타는 괜히 전설이 된 것이 아니었다. 그는 즉시 자신의 오류(즉 맛을 위해 전통을 희생하려던 잘못)를 깨닫고 진짜 콜라로 되돌려 놓았다.

오늘날 뉴 코크는 단지 먼 옛날의 기억이 되었고 고(故) 고이주에타는 아직도 마케팅계의 천재로 추앙받고 있다.

- 체이스 맨해튼 뱅크의 역사는 록펠러 가족의 역사이자 그 가족
  이 상징하는 가치들, 즉 품격, 부(富), 자선의 역사이기도 하다.

수 년 간 록펠러 가족은 경영과 소유 모두에 있어 체이스 맨해튼
뱅크를 지배했다. 결혼을 통해 록펠러의 가족이 된 윈스롭 올드리치
(Winthrop Aldrich)가 초기 CEO를 맡았다. 한편 그의 조카 데이빗
록펠러(David Rockefeller)는 12년간의 CEO 생활을 마치고 1980년
에 은퇴함으로써 40년 동안 자신의 흔적을 회사에 새겨 놓았다.

수년에 걸친 여러 번의 인수합병을 통해 (체이스 뱅크는 매뉴팩처러
스 하노버, 케미컬 뱅크, 제이피 모건과 같은 거대 기업들을 인수했다), 오
늘날의 체이스 뱅크는 데이빗 록펠러가 30년 전에 이끌던 회사와 많
이 달라졌다.

그러나 그의 뒤를 이은 체이스의 CEO들은 록펠러의 아우라가 계
속 보유할 만한 가치가 있는 문화적 특징이라는 것을 인정했다. 그
리하여 그들은 부유한 고객들을 위해 프라이빗 뱅크를 지었고, 세계
최고의 예술 컬렉션을 운영하고 있으며, 세계에서 가장 영향력 있는
사업가들을 초청해 국제자문위원회로 두고 있다. 이 위원회에서 여
전히 왕성한 활동을 펼치고 있는 회원 중 한 명이 바로 데이빗 록펠
러 자신이다.

- 1980년대와 1990년대 초, 콘티넨탈 항공사(Continental
  Airlines)는 갈 길을 잃고 헤매고 있었다. 그 회사는 두 번이나
  파산을 맞았고 10년 동안 10번이나 사장이 바뀌었으며 이미 말
  했듯이 형편없는 항공사였다.

그래서 1994년 고든 베둔(Gordon Bethune)이 CEO로 부임했을 때, 그는 이 항공사를 구하기 위해서는 과거를 되살려야 한다고 생각했다. 1937년에 시작해 탈규제, 적대적 인수, 수차례의 합병에 의해 좌절을 맛보기 전까지 지속된 콘티넨탈의 '옛 문화'란 '기본'에 충실하자는 것이었다.

이 중 가장 기본에 해당하는 것이 바로 뛰어난 고객 서비스를 회복하는 것이었다. 베둔은 예전 콘티넨탈이 고객들로부터 얻어낸 높은 서비스마크의 문화를 재창조해 냈다.

오늘날 콘티넨탈은 여느 항공사 못지않게 세계적으로 높은 순위를 자랑한다. 베둔이 콘티넨탈의 문화를 회복한 것이다.

전통을 되살리는 것이 꼭 비행기의 방향을 되돌리는 것만큼이나 대단할 필요는 없다. 테네시에 위치한 인구 460명의 조그만 마을 벨버클에서는 매년 RC & Moon 파이 페스티발을 열고 미국 남부의 전통 콜라와 쿠키 콤보를 기념한다.

이들이 이 두 전통 음식에 대해 상당한 인지도를 이끌어 낼 수 있었던 것은 그냥 우연히 일어난 일이 아니다.

예전의 가치를 되살리기

"예전의 가치 중 어떤 것을 되살릴 수 있을까?"
이따금씩 자신의 유산이 무엇인지 잊어버리는 조직이 있듯이, 그들의 '핵심 가치'에 대해 일러줘야 할 때도 있다.
가령 '서비스'에 대해 생각해 보자.

물론 모든 사람들이 고객 서비스에 대해 입이 마르도록 립서비스를 해대지만 그 가치를 진정으로 끌어안는 사람은 별로 없다.

- 한 가지 예외는 뉴저지 체리 힐에 위치한 90억 달러의 '소규모' 은행인 커머스 뱅콥(Commerce Bancorp)이다. 월스트리트는 작은 크기에도 불구하고 불황기에도 지속되는 그 은행의 꾸준한 성장률에 애정을 보냈다.

자동화가 증가하고 지점수가 감소하는 인터넷 뱅킹 시대에 커머스 뱅콥은 다른 방향을 취하기로 한다. 그 은행은 자신을 차별화하기 위해 고객 서비스라는 고리타분한 가치를 자신의 핵심 가치로 채택했다.

커머스 뱅콥은 늘어난 영업 시간과 무료 조회 서비스, 중소 기업인들을 위한 퍼스널 뱅킹, 일요일 영업 등과 같은 혁신들로 그러한 가치를 실천했다. 커머스 뱅콥의 좌우명은 다음과 같다. "우리는 고객이 원하면 한다." 커머스 뱅콥의 CEO 버넌 힐(Vernon W. Hill)은 이렇게 말한다. "우리는 주요 은행들이 경시하고 없애버렸던 모든 편의와 서비스 요소를 제공한다."

그렇다면 커머스 뱅콥이 모델로 삼은 '은행'은 어디일까? CEO에 따르면 바로 '월마트'라고 한다.

이와 마찬가지로 모든 회사가 가지고 있다고 주장하지만 실제로 가지고 있는 경우는 드문 가치가 바로 '우수한 품질(quality)'이다.

우리가 알던 한 CEO는 자신의 회사가 세 가지 점에서 유명하다고 말하곤 했다. "우수한 품질의 제품, 우수한 품질의 서비스, 우수한 품질의 고객"이 바로 그것이다. 그는 가장 정도가 심한 허풍쟁이였고 자신의 회사가 무엇으로 유명한지 전혀 모르고 있었다.

중요한 것은 '우수한 품질'이라는 것이 뭔가 손으로 만질 수 있는 것을 뜻해야 한다는 것이다. 당신이 정말 이 가치를 되살리길 원한다면 회사가 진짜로 제공하고 있는 것이 무엇인지 곰곰이 생각해 볼 필요가 있다.

그리고 '저렴한 가격'이란 가치는 또 어떤가? 이것도 요즘 대대적인 복고 열풍을 불러오고 있다.

- 세련된 신상품들이 여기저기서 쏟아져 나오고 마사 스튜어트와 같은 거대 브랜드가 등장하는 소매업계의 르네상스 시대에 케이마트는 예전의 가격 정책으로 되돌아가기로 했다.

그렇다면 케이마트가 도입한 것은 무엇이었을까?

짜짜자잔... 바로 블루 라이트 스페셜(Blue Light Special)이다.

10년 전과 마찬가지로 오늘날의 케이마트 쇼핑객들은 쇼핑 도중 갑자기 푸른 불빛이 번쩍거리면서 미리 공지되지 않은 판촉회가 30분도 채 안 되는 시간 동안 진행되면 순간 무아지경 상태가 된다.

스피커에서 "케이마트 손님들께 알려드립니다."란 문구가 나오면 한바탕 여기저기서 아드레날린이 생성되는 장면을 보는 것은 흥거우면서도 아름다운 일이 아닐 수 없다.

특히 케이마트의 CEO 찰스 코나웨이(Charles C. Conaway)에게는 더욱 그렇다. 그는 블루 라이트 스페셜을 되살린 것이 매우 큰 '브랜드 효과'를 가져왔다고 말한다.

예전의 가치를 부활하는 것이 매출의 상승을 가져오는 경우 외에, 조직의 결속력을 높이는 가치들도 있다. 가령 '솔직함'이란 가치를 살펴보자.

우리는 많은 CEO들이 어떤 이유에서인지 자신을 위해 일하는 사람들에게 완전히 솔직해지기를 두려워한다는 사실을 알고 있다. 그들은 회사의 진짜 속사정을 직원들에게 말하면 직원들이 항의하거나 심지어 반란을 일으킬 것이라고 생각하는 듯하다.

그러나 이것은 잘못된 생각이다. 수많은 연구 결과에 따르면 직원들은 "회사가 어떻게 돌아가고 있는지, 어디로 가고 있고 그 속에서 자신은 어떤 위치에 있는지"를 너무나 알고 싶어 한다.

이것이 뜻하는 바에 대해 윌리엄 기븐(William B. Given)은 1946년 여름 〈하버드 비즈니스 리뷰Harvard Business Review〉에 다음과 같이 쓰고 있다.

> 기업의 최고 경영자는 사무직원들이 있는 사무실이건 생산직원들이 일하는 공장이건 가능한 자주 모습을 드러내야 한다…… 어디를 가든 그는 솔직한 대화를 부추겨야 한다.

56년이 지났지만 아직도 최고의 CEO는 직원과 대중들에게 솔직하고 정직한 사람들이다.

- 루슨트(Lucent)의 헨리 샤흐트(Henry Schacht)가 그 훌륭한 예이다.

당신은 이렇게 외칠지도 모른다. "루슨트라니! 그 회사 때문에 내가 얼마나 손해를 봤는지 알아?"

안다. 우리도 잘 안다. 그 회사의 실책 때문에 우리도 금전적 손해를 봐야 했다. 그러나 샤흐트가 자신이 시작한 회사를 다시 경영하기 위해 되돌아왔을 때 그는 솔직함도 다시 가지고 돌아왔다.

잘못된 판단에 사로잡힌 그의 선임자나 후임자들이 대중과 직원들에게 사탕발림을 늘어놓은 반면 샤흐트는 회사가 처한 방향 상실과 엄청난 도전 그리고 인원 감축의 필요성에 대해 직원들에게 잔인할 정도로 솔직하게 털어놓았다.

샤흐트는 언론에 대해서도 똑같이 솔직함을 유지했다. 비록 그의 회사 이야기가 여러모로 암울하고 미래도 불투명하지만 샤흐트는 적어도 그의 솔직함에 대해서는 칭찬받을 만하다. 그러한 솔직함 덕분에 회사가 폭풍 속을 헤쳐가면서도 난파되지 않을 수 있었기 때문이다.

마지막으로 '건전함(wholesomeness)' 이라는 가치는 어떤가?

소위 정치인들이 마음 속 깊이 존경한다고 주장하는 가족의 가치란 사실 진정으로 존경할 만한 가치이다. 존중과 예의, 그리고 재미는 단지 일시적인 유행이 아니라 대부분의 사람들이 되찾고 싶어 하는 가치들이다.

• 마이너리그 야구에서 이 가치들을 찾아볼 수 있다.

매사추세츠 로웰의 주민들은 7, 8월의 여름날 저녁 대부분을 동네 야구장에서 보낸다.

로웰 스피너스(Lowell Spinners)는 보스턴 레드삭스의 A리그 가맹팀으로서 아주 편리하고 저렴한 여름 놀이의 소중함을 제공한다.

이 곳에서는 패드를 찬 스모 선수들이 야구 경기 사이에 잠깐 시합을 펼친다. 다른 이닝 사이에는 어린이 팬들이 베이스를 뛰어다니며 논다. '샤크 맥과이어'나 '클래미 소사'처럼 분장한 공연자들이 게임 중간에 스탠드 사이로 행진하기도 한다. 그리고 물론 스피너스의 야구 경기가 펼쳐진다.

스피너스의 사장 드류 웨버(Drew Weber)는 미국을 휩쓸고 있는 마이너리그 열광 현상에 대해 이렇게 말한다. "가족이 즐기기에 이보다 더 좋고 저렴하며 즐거운 경험도 없다."

만약 아직도 가족의 가치를 되살리는 것이 가치 있는 일이라고 납득되지 않은 분이 계시다면 러시 림보(Rush Limbaugh)의 경우를 생각해 보라. 가족의 가치에 대해 귀가 닳도록 설교하는 이 보수적인 달변가는 향후 9년 간의 라디오 출연 계약금으로 2억 5천만 달러를 받아 낼 수 있었다.

의심할 여지없이, 조직이나 사람들이 소중하게 여기는 가치를 되살리는 것은 탁월한 아이디어맨이 되는 또 하나의 강력한 원천이다.

예전의 메시지를 되살리기

"우리는 과거로부터 어떤 메시지나 슬로건, 로고나 캠페인을 가져올 수 있을까?"

- “코크와 함께라면 뭐든지 좋아집니다. (Things go better with Coke)”
- “브릴크림, 약간만 두드려 주면 효과를 볼 수 있습니다. (Brylcreem, a little dab will do ya)”
- “펩소덴트로 닦으면 치아가 하얘집니다. (You'll wonder where the yellow went when you brush your teeth with Pepsodent.)”
- “에이잭스(붐붐) 폼 클렌저를 사용하세요. (Use Ajax(boom, boom), the foaming cleanser)”

이들은 마케팅의 역사를 초월하는 기념비적인 메시지들이다. 사회가 복잡해지고 공중파에 나오는 광고들도 많아짐에 따라, 점점 많은 수의 마케터들이 예전의 아이디어와 메시지들을 다시 들고 나오고 있다.

왜 그럴까? 왜냐하면 이 메시지들은 단지 향수를 불러일으킬 뿐 아니라 지금의 맥락에서도 잘 통하기 때문이다.

이러한 현상을 연구하는 심리학자들은 '과거의 메시지'에 기대는 것이 사실상 위험을 피하는 것이라고 말한다. 과거의 메시지는 역사와 인내를 의미하고 제품이 어떤 뿌리나 토대, 실체를 가지고 있다는 인상을 준다. 무엇보다 그것은 소비자와 회사 사이에 일종의 유대 관계를 만들어 낸다.

과거의 메시지를 되살리는 데에는 여러 가지 방법이 있다.

- 애초에 브랜드를 유명하게 만들었던 인물을 되살리는 방법이 있다.

그 증거로 오랜 부재 기간을 마치고 다시 대중들 앞에 나타나기 시작한 일련의 인물들을 보라. 스타키스트의 찰리 참치(Charlie the Tuna)나 플랜터스의 피넛(Peanut), 그리고 냉동 야채 통조림의 졸리 그린 자이언트(Jolly Green Giant)가 그런 예들이다. 소비자들은 친숙한 것을 좋아한다.

심지어 1980년에 고인이 된 커널 할랜드 샌더스(Colonel Harland Sanders)조차 KFC의 홍보 대사로 컴백하지 않았는가. (그러나 돌아온 그는 예전보다 훨씬 더 느려졌다.)

* 이와 마찬가지로 오래 살아 남는 슬로건은 어떤 조직에게나 마케팅의 황금과 같은 존재이다.

마케터들은 사람들의 마음속에 오래 남는 슬로건을 열망하는 한편 수명이 다한 슬로건은 재빨리 다른 것으로 교체한다. 몇 년 동안 "체이스 맨해튼 뱅크에는 친구가 있다"는 사실을 모르는 사람은 없었다. 그러다가 이 은행은 사람들의 마음속에 깊이 각인된 이 모토를 갱신하기로 결정한다. 그러나 새 슬로건을 만들어 내는 시도는 계속해서 실패를 맛봐야 했다. 그 중 한 가지는 다음과 같았다. "체이스를 나서지 않는 한 다 왔다고 말할 수 없습니다. (You haven't arrived till you put the Chase behind you.)" 비꼬기 좋아하는 사람들은 이 광고를 보고 체이스를 인생에서 지워버리라는 말이라고 해석하였다.

어떤 회사들은 좋은 슬로건을 계속 유지할 만큼 현명함을 보여주기도 하였다.

- "우리는 삶을 향상시킵니다." – 제너럴 일렉트릭
- "세계에서 가장 위대한 쇼" – 버넘 앤 베일리(Burnum & Bailey)
- "이 건전지는 계속, 계속, 계속됩니다." – 에너자이저의 토끼
- "훌~~~륭해!" – 켈로그의 토니 호랑이.

제품의 메시지 자체를 복원하는 것은 지나간 성공 시대를 환기시키는 또 하나의 방법이다.

어린이와 제품의 관계를 다시 새롭게 함으로써 케즈 코퍼레이션(Keds Corporation)이 불러내려고 했던 것도 바로 이것이다. 당신처럼 나이가 든 '어린이'들도 이와 같을 수 있다.

당신은 바나나 의자가 달린 자전거에 오르기 전 신곤 하던 그 유명한 군청색 운동화를 기억하는가? 2001년에 케즈는 7백만 달러의 미디어 캠페인과 함께 자신의 원조 운동화를 다시 선보이기로 한다. 이 회사는 기존 고객과 신 고객 모두에게 과거의 따뜻함과 기쁨, 그리고 영광이 돌아왔다는 메시지를 내보내기 위해 제품 자체를 다시 도입하기로 했던 것이다.

당신의 과거에도 또 한 번 승리를 가져올 수 있는 이와 비슷한 기념비적인 메시지가 있는지 찾아보는 것은 어떤가?

예전에 히트친 것과 놓친 것을 되살리기

"과거에 히트쳤거나 아깝게 놓친 상품 중 어떤 것들을 다시 가져올 수 있을까?"

대충 TV를 보며 앉아 있던 당신은 갑자기 타임머신을 탄다. 하얀 바탕 위에 희미한 이미지가 작은 원을 그리며 나타난다. 이미지가 점점 선명해지기 시작하더니 이제는 꽃이 된다. 그 꽃의 꽃잎들은 일곱 개의 노란 수선화색 폴크스바겐 비틀즈이다.

1960년대로 돌아온 것을 환영한다.

크래커 잭(Cracker Jack). 버마쉐이브(Burma-Shave). 선 메이드(Sun-Maid) 건포도. 빈티지(Vintage) 야구 공원. 올디즈 락앤롤 콘서트. 이 모든 것은 지금보다 열정적이지만 좀더 단순했던 시대를 환기시킨다.

오래된 모든 것들이 다시 새로워진다. 그렇다면 당신의 회사는 어떤 히트 상품을 다시 가져올 수 있는가?

자동차 회사에서부터 보트, 스쿠터 회사에 이르기까지 운송 수단과 관련된 회사들은 백미러를 돌아봄으로써 앞으로 나아가고 있는 중이다.

- 포드의 링컨 부서 디자이너들은 과거의 '우아함과 절제, 그리고 황금비율'의 라인으로 돌아가기 위해 좀더 길어진 본체와 독특한 정면 그릴, 그리고 트렁크의 스페어타이어 캐리어 등 고전적인 콘티넨탈 특징들을 부활시키고 있다.
- 한편 봄바디어 컴퍼니(Bombardier Company)도 이와 비슷하게 예전의 수상 비행기를 다시 선보이기로 했다. 다만 이 신상품은 예전보다 제트기 엔진과 어린이들을 위한 특별 객실이 추가되었을 뿐이다.
- 그리고 오늘날 가장 유행을 선도하는 차량은 두 바퀴로 달리는

오래된 모터스 쿠터이다. 다시 한 번 말하지만 오토바이가 아니라 평균 연료 소비량이 1갤론 당 60에서 120마일에 이르는 모터스 쿠터 말이다. 일본의 혼다와 야마다에서부터 이탈리아의 베스파(Vespa)와 아프릴라(Aprilla)에 이르기까지 스쿠터 회사들은 트렌디한 1950년대식 두 바퀴 클래식들을 수백만 대씩 생산해 내고 있다. 제이 레노(Jay Leno)는 이러한 스쿠터를 세 대나 가지고 있고 샌드라 불록(Sandra Bullock)도 한 대 가지고 있다. 심지어 포드 모터 컴퍼니(Ford Motor Company)의 전 CEO인 쟈크 나세르(Jacques Nasser)도 스쿠터를 두 대나 보유하고 있다.

그리고 예전의 히트 상품들을 검토하는 한편, 그동안 '놓치고 지나쳤던' 상품들을 훑어볼 수도 있을 것이다.

우리가 상대하는 한 대형 식품회사는 지나간 것들에서 다이아몬드를 찾아내기 위해 예전에 등록해 놓았지만 수년간 방치해왔던 모든 제품명들을 일일이 검토하고 있다.

이러한 검토 과정은 과거에 거절당했던 후원사에서부터 제휴 프로그램, 마케팅 캠페인, 그리고 연간 보고서 표지에 이르기까지 모든 것에 적용해 볼 수 있다.

한번 성공했던 것은, 심지어 실패했던 것일지라도 오늘날 다시 가지고 오면 다시 성공할지도 모른다.

예전의 노장을 되살리기

"당신에게 필요한 영감을 제공해 줄 있는 사람으로 과거의 누구를 데려올 수 있을까?"

"고향으로 되돌아가기란 불가능하다"고 말하는 사람이 누구인가?

오늘날처럼 경쟁이 치열한 환경에서 기업에게 가장 필요한 것은 영광스러웠던 과거와 관련된 노장들을 다시 데려오는 것일지도 모른다.

* 테드 터너(Ted Turner)가 새로운 TV 주자로 만들어 놓았던 CNN 케이블 뉴스 방송국은 1999년에 큰 위기에 봉착한다.

이 방송국의 문제를 상징적으로 보여 주는 것은 가장 생산적이고 많은 이윤을 남겼던 〈머니라인Moneyline〉의 앵커 루 돕스(Lu Dobbs)가 회사를 떠난 일이다. 루 돕스는 "개인적인 사업 기회를 찾기 위해" CNN을 그만두었다. 업계에서 이 표현은 "상사가 마음에 들지 않는다."의 다른 표현이다.

루 돕스의 사직은 CNN의 라이벌인 CNBC에게 〈머니라인〉이 차지했던 짭짤한 시간대를 다시 지배하도록 해 주었다. 2년간의 슬럼프를 지나 CNN은 마침내 뭔가를 깨닫는다. 2001년 봄, 그들은 방송국의 희미해진 영광을 되찾기 위해 그 어느 때보다 강력해진 루 돕스를 다시 데려오기로 했다.

* 이와 마찬가지로 하니웰 인터내셔널(Honeywell International)

이 2001년 여름 GE로부터 합병 제의를 거부당했을 때 분석가들은 이 전통 깊은 제조업체가 독립을 유지할 수 있을지 궁금해 했다.

하니웰은 1년 동안 어떤 활력이나 의지도 상실한 채 GE의 거래 승인이 떨어지기만을 앉아서 기다리고 있었다. 하니웰의 CEO인 마이클 본시그노어(Michael Bonsignore)는 이 합병에 그의 미래를 걸고 있었다. 그러나 마침내 그것이 좌초되었을 때 그는 회사를 등지고 떠나야 했다.

본시그노어의 뒤를 누가 맡았을까? 바로 본시그노어가 뒤를 이었던 로렌스 보시디 (Lawrence Bossidy)였다. 66세의 열정가이자 얼라이드 시그널(Allied Signal)의 CEO였던 그는 애초에 하니웰을 인수한 후 그것을 최강의 회사로 만들어 놓은 장본인이었다. 보시디가 다시 부름을 받은 이유는 무엇일까? 바로 다시 한 번 하니웰의 등불을 밝히기 위해서이다.

지금까지의 사례가 최고 수준의 노장을 다시 데려오는 일인 반면, 특정한 목적을 위해 은퇴자나 동창생, 대변인들 중 다시 데려올 수 있는 친숙한 얼굴들도 많이 있을 것이다.

미국인들은 심지어 백악관의 대통령직을 위해 또 한 명의 조지 부시를 데려오기도 하지 않았는가! 혹시 또 한 명의 클린턴도 백악관으로 다시 데려오게 될 지 누가 아는가.

내보내고 다시 데려오기

과거를 되살리는 것이 매력적인 사업 구상이 될 수 있다는 최종 증거는 바로 크레이지 에디(Crazy Eddie)의 귀환이다.

그렇다. 30년 전, 유명한 브랜드들을 터무니없을 만큼 낮은 가격에 제공함으로써 전자 제품 판매 업계의 거인이 된 바로 그 '크레이지' 에디 안타(Eddie Antar) 말이다. 가엾게도, 에디는 주주들의 1억 5천만 달러를 횡령해 쫓기는 신세가 되었다.

연방 법원은 그를 체포하기 위해 2년 동안 캐나다, 유럽, 브라질, 그리고 서인도 제도의 케이맨 제도까지 찾아갔고 이스라엘에서 그를 체포할 수 있었다.

2001년 여름, 10년간의 교도소 생활을 마치고 출소한 에디 안타는 새롭게 설립된 크레이지 에디 인터넷 전자제품 판매업체의 마케팅 전략 이사로 채용되었다. (그러나 재무 이사 자리는 맡을 수 없었다.)

그러니 아직도 예전에 효과를 발휘한 적이 있던 것을 되살리는 것이 합리적이라 생각하지 않는 사람이 있다면 그 사람은 '정신이 나간 것'이라 하지 않을 수 없다.

먼저 개진하고 나중에 판단하라

맞.

12

코비 브라이언트는 드리블을 한 번 한 후 35피트 떨어진 곳에서 공을 던진다. 와, 골인이다!

인바운드 패스가 느슨하게 이루어지는 순간 코비가 공을 낚아챈다. 농구 골대로 한 걸음 껑충 다가간 그는 천둥처럼 날아올라 덩크슛을 쏜다.

다음 번에 나간 코트에서 그는 두 명의 2미터 장신 선수들 사이에서 멋지게 날아올라 골을 성공시킨다.

코비 브라이언트는 한마디로 '무아지경(in the zone)' 에 있다.

사업에서도 새로운 아이디어를 생각해 내는 데 있어 착지하고 싶은 환상적 지대가 있다. 우리는 모두 창조적이고 혁신적이며 신선한 사고와 영감으로 가득 차길 원한다.

이 장은 새롭고 위대한 아이디어를 생각해 내는 데 있어 노련해지는 방법에 대해 배우고자 한다. 그것은 기존의 아이디어를 당신의 것으로 만들고 실현하는 과정이 될 것이다.

우리는 다음과 같은 세 가지 주요 과정을 살펴보고자 한다. 이 과정들을 체득하면 당신은 뛰어난 아이디어맨이 되어 있을 것이다.

1. 새로운 아이디어를 얻기 위해 혼자서 가장 효과적으로 작업하는 방법
2. 새로운 아이디어를 얻기 위해 그룹 환경에서 가장 효과적으로 작업하는 방법
3. 마지막으로 자신의 아이디어를 평가하는 방법

혼자서 작업하기

당신 혼자서 어떤 문제에 관해 작업하고 있다고 하자. 당신의 개인적인 일일 수도 있고 또는 회사 업무일 수도 있다.

이전에 우리는 아이디어가 생각날 수 있는 두 가지 방법에 대해 쓴 바 있다.

1. 우연히, 어쩌다가, 운 좋게 찾아내는 방식 (여기에서 핵심은 아이디어들을 재현 가능한 방법으로 수집하는 것이다)
2. 다른 이들이 개척해 놓은 정보와 해답을 체계적으로 찾는 방식.

이렇게 하여 얻은 날 것 그대로의 아이디어를 영감으로 전환하기 위해서는 머릿속에서 이리저리 굴려보고 곰곰이 생각해 봐야 한다.

이렇게 할 수 있는 최선의 방법은 무엇일까? 이에 대한 답은 운동

기구에 오르는 것에서부터 조용히 앉아 모차르트를 듣는 것까지 매우 다양하다.

가장 좋은 충고는 과거에 효과를 봤던 방법이 무엇인지 알아 내고 그 행동을 강화하는 것이다. 마지막으로 새로운 아이디어를 생각해 냈던 때를 기억해 보라. 그 때 당신은 무엇을 하고 있었는가? 분명 긍정적인 정신 상태에 있었을 것이다. (대부분의 사람들이 문제를 해결할 때 이런 상태에 있다.) 당신의 뇌가 여러 생각들을 늘어놓고 여러 개념들을 하나로 모으고 있을 때 당신은 아마 뭔가 다른 일을 하고 있었을 것이다.

벨크로(Velcro)[1]의 발명가는 숲 속을 거닐다가 특정한 씨앗들이 잘 떨어지지 않는 갈고리를 지니고 있다는 사실을 발견하게 되었다. (이러한 접근법을 어려운 말로 생체 모방biomimicry이라고 한다. 즉, 자연에서 발견한 모델을 연구하고 모방한다는 뜻이다.)

다음은 다른 사람들이 아이디어가 번쩍 들었을 때 하고 있었던 행동들이다.

- 가장 좋아하는 사무실 의자에 앉아 책상에 놓인 뭔가를 만지작거리기. (공상과학 소설가 레이 브래드버리Ray Bradbury는 우주선 모형과 우주 장난감으로 가득 찬 방안에서 일할 때 가장 일이 잘된다고 말한다. 새로운 생각을 끄집어 내기 위해 그는 장난감 하나를 집어 올리기만 하면 된다.)
- 박물관이나 고물 창고 거닐기 (다양한 자극들이 중요한 열쇠가 될

---

1 벨크로는 단추 대신에 쓰는 접착테이프의 상표명이다.

수 있다.)

- 샤워를 하거나 개를 산책시키기. (즐겁지만 기계적인 행동이 마음
  의 불을 지필 수 있다.)
- 낚시나 하이킹 (좋아하는 활동들이 비결이 될 수 있다.)
- 조깅이나 운동 (엔돌핀이 나와서 도움을 준다.)
- 조용히 앉아 생각하기 (많은 사람들이 무릎 위에 앉은 고양이나
  CD 플레이어의 클래식 음악을 그들의 동료로 삼았다.)

어떤 환경이 가장 잘 맞는지는 본인이 잘 알 것이다.

이것은 당신의 문제이고 당신의 뇌이다. 당신이 도전하라.

그룹으로 일하기

브레인스토밍이란 용어는 한 집단의 구성원들이 모두 자발적으로 통찰력과 아이디어를 내놓는 공동의 문제 해결 방식을 설명하기 위해 1920년대에 처음 사용되었다. 이 용어가 처음 등장한 이래 이 관행은 벽에 걸린 사훈이나 라운지에 있는 커피 자판기만큼이나 많은 회사에서 널리 보편화된다.

브레인스토밍은 만병통치약이 아니다. 그것은 완벽과는 거리가 멀다. 나쁜 브레인스토밍은 어리석은 시간 낭비일 뿐 아니라, 사기를 떨어뜨리고 참을 수 없을 만큼 지루한 시간일 수도 있다.

충실한 브레인스토밍 시간이 되려면 사전 계획과 준비, 그리고 집중이 필요하다. 이럴 경우 브레인스토밍은 재미있고 생산적인 시간

 우리는 각계각층의 작업팀과 집단들을 상대로 이러한 브레인스토밍 세션을 수백 번에 걸쳐 실시했고, 그 중 '참을 수 없을 만큼 지루하다' 라는 평가는 소수에 불과했다.

매력적인 점은 여러분도 값비싼 컨설턴트를 데려오지 않더라도 이러한 세션을 직접 조직할 수 있다는 것이다. 그러나 새롭고 혁명적인 아이디어를 만들어 내려는 이러한 시간에 당신의 동료들을 끌어들이기 전에 미리 알아두어야 할 규칙들이 있다. 특히 우리에게 유용했던 12가지 지침들을 다음에 정리해 보았다.

효과적인 브레인스토밍

1. 참여하고 싶어하는 사람들을 끌여들여라

사람들은 단지 인종이나 성별 뿐 아니라 (언어적, 시각적, 수학적, 음악적) 능력의 측면에서 다양한 사람들이 모인 팀을 만들기 위해 많은 주의를 기울인다. 다 옳은 말이다. 그러나 가장 중요한 선택의 기준은 이 업무에 열정을 느끼고 진정으로 그 모임에 참여하고 싶어 하는 사람들을 초대해야 한다는 것이다.

2. 편안한 환경을 만들어라

3M은 '혁신 및 학습 센터(Innovation & Learning Center)' 안에 소파와 책, 비디오를 갖춰 놓았다. 부드러운 조명과 편안한 의자, 풍부한 간식거리 등 당신의 팀에게 도움을 되는 환경을 만들어라.

3. 재미있는 시간이 되도록 하라

행복한 사람들이 생산성도 더 높다는 증거는 수없이 많다. 브레인
스토밍을 시작할 때 크리스 락(Chris Rock)[2]의 비디오를 5분간 보고
시작하는 것은 어떨까? 모든 사람에게 장난감 글라이더를 나눠준 다
음 조립해 보라고 시킬 수도 있다. 또는 딜버트(Dilbert)[3] 만화책을
돌려보거나 선착순으로 먼저 아이디어를 낸 20명의 사람들에게 금
화 1달러씩 상금을 주는 것은 어떨까?

4. 사람 수를 12명 이하로 제한시켜라

12명이 넘어가면 혼란스러워질 수 있다. 하지만 8명보다 적으면
결과가 신통치 않을 수도 있다.

5. 낮에 실시해라

대부분의 사람들은 (모두는 아니지만 대부분은) 정상적인 근무 시
간, 즉 낮에 생산적으로 일하도록 되어 있다. 브레인스토밍 시간을
저녁 7시 30분으로 잡는다면 당신은 졸린 눈과 말린 입술을 마주해
야 할지도 모른다.

6. 시간 제한을 두라

90분 정도가 이상적이고 2시간은 상한선이다. 이보다 길어지면
헛수고일 뿐이다. (하루 종일 브레인스토밍을 하자고 제안하는 사람이 있

---

2 미국의 유명한 코미디언 영화배우
3 스코트 아담스(Scott Adams)의 유명한 만화 이름. 샐러리맨을 주인공으로 하고 있다.

다면 단호하게 거절해라.) 만약 아이디어가 더 필요하다고 생각되면 다른 날짜에 또 90분짜리 일정을 잡도록 하라.

7. 어느 정도 범위를 정해라

예술가는 물감을 칠하기 전에 캔버스의 사이즈부터 결정해야 한다. 당신이 해결하려고 하는 문제가 무엇인지, 그리고 왜 이 아이디어 집단을 소집했는지 분명히 정해 두라.

8. 즐거운 상태를 유지해라

당신이 혹시 팀의 리더나 조력자(facilitator) 역할을 맡고 있는가? 낙천적이고 '우리는 할 수 있다' 식의 태도는 큰 효과가 있다.

9. 움직이고 만져라

많은 사람들이 손에 무언가를 만지작거리거나 이리저리 움직이는 동안 머리가 더 잘 돌아가는 경향이 있다. 샘플이나 스케치, 원형 등을 반드시 갖춰 놓아라.

10. 아이디어에 아이디어를 덧붙이도록 부추겨라

아이디어는 서로를 토대로 더 높이 쌓일 수 있다. 하나의 자유로운 아이디어가 좀더 실용적인 아이디어를 이끌어 낼 수 있다. 마치 만화경에 있는 여러 가지 색깔들이 모양을 바꿔가며 새로운 패턴을 만들어 내는 것처럼 말이다.

11. 모든 것을 기록해라

그리고 모든 아이디어를 사람들이 볼 수 있도록 하라. 커다란 전단지도 괜찮다.

12. 먼저 개진하고 나중에 판단해라

브레인스토밍의 목표는 질이 아니라 양이 되어야 한다. 판단은 나중에 하라. 모두에게 선입견과 비판력을 문밖에 두고 들어오라고 일러두라.

심판의 날

세계에서 가장 많은 사랑을 받는 실내 스포츠는 무엇일까?

어쩌면 이것은 세계에서 두 번째로 가장 많은 사랑을 받는 실내 스포츠일지도 모른다. 어쨌든 그것은 바로 비판과 판단, 평가에 대한 인간의 광적인 열정이다.

서론에서 우리는 여섯 단계로 이루어진 고전적인 문제해결 모델을 제시한 바 있다. 그리고 그 중 세 번째 단계에 이 책의 초점을 맞추기로 하였다.

지금까지 우리가 한 것이 바로 이것이다.

이제 여러분은 아마 몇 가지 시험적인 아이디어들을 얻게 되었을 것이다. 그리고 다음 단계, 즉 최고의 해결 방안을 선택하고 당신의 아이디어를 뭔가 생산적인 것으로 바꾸는 단계로 넘어갈 준비가 되어있을 수도 있다.

모든 새로운 아이디어의 최종 테스트는 시장이다. 당신의 아이디어가 문제를 해결하는가? 또는 고객을 설득하거나 돈을 절약하거나 또는 돈을 벌어들이는가?

광고 회사 벤튼 앤 보울스(Benton & Bowles)로부터 한 마디 빌리자면 "팔리지 않는 한 그 아이디어는 창조적이라 할 수 없다."

그러나 아이디어를 시장에 내놓기 훨씬 전부터 당신은 당신의 생각의 결과를 다듬고 골라낼 수 있다. 이 장에서는 어떻게 당신의 아이디어를 평가할 수 있는지, 평가의 방법들을 다루고자 한다.

네 가지 초기 질문

새로운 아이디어를 생각해 낸 사람들은 너무나 단순해 보이는 다음의 네 가지 질문을 던져 보아야 한다. 각 질문에 솔직하게 대답할 수 있을 때 당신은 성공적인 아이디어로 훨씬 가까이 다가갈 수 있을 것이다.

언제든 신제품을 고안해낼 때는 그것이 상상적인 문제가 아니라 진짜 문제를 해결할 수 있어야 한다. 다우 케미컬(Dow Chemical)에서는 차세대 부동액으로 다우섬 209(Dowtherm 209)를 선보인 바 있다. 그리고 이 부동액은 "크랭크실에 새어 들어가도 해가 없다"는 광고를 내보냈다. 한편 그것은 기존의 냉각제들보다 두 배 정도 가격이 비쌌다.

문제는 기존의 냉각제가 엔진 속으로 새어 들어가는 일이 거의 없다는 것이었다. 그렇다면 존재하지도 않는 문제를 해결하기 위해 두 배나 더 많은 돈을 들일 사람이 어디 있겠는가? 실제로 대부분의 사람들은 돈을 들이지 않기로 결정했다.

또는 미국 조폐청에서 발행하기로 한 수잔 앤서니(Susan B.

Anthony) 1달러 동전에 대해 생각해 보자. 이 동전은 생산도 간단했을 뿐 아니라 이를 통해 정부는 인쇄 및 관리비로 연간 5천만 달러를 절약할 수 있었다.

하지만 이것이 진짜 문제를 해결하는가? 미국 국민들은 그렇게 생각하지 않았다. 그 동전은 25센트짜리처럼 생겼고 더구나 못생기기까지 했다. 수잔은 곧 사라져야 했다.

지극히 명백한 것

되돌아보면 대부분의 좋은 아이디어들은 지극히 상식적인 것들이다. 어떤 사람이 새로운 아이디어나 전략을 내놓았을 때 우리는 종종 "왜 우리가 좀더 일찍 생각해 내지 못했을까? 정말 뻔한데 말이야."라고 생각하곤 한다.

약간의 상식은 지금까지 배운 훌륭한 아이디어 기술들을 적용하려 할 때 큰 도움이 된다.

- 희망적 기대(wishful thinking)는 피하라

  다우 케미컬의 친구들처럼 우리는 모두 특정한 방식으로 일이 흘러가길 원한다. 그러나 당신이 단지 A와 B를 결합했다고 해서 또는 C를 D로 대체하거나 X에서 Y를 제거하고 더 크거나 더 작게 만들었다고 해서 세상이 당신을 향해 달려 올 것이라 생각해서는 안 된다.

- 명백한 것을 존중해라

  25센트짜리와 쉽게 혼동되는 1달러 동전이라니. 그것이 과연 논리적인 아이디어라 할 수 있을까? 상식은 모두가 공유하는 지혜이다. 그것은 공동체에게 명백한 진실로 인정받는 무엇이다. 충분히 존중받아 마땅하다.

- 단지 할 수 있다고 해서 자동적으로 하지 마라

  얼마 되지 않은 과거에 펩시코는 크리스탈 펩시(Crystal Pepsi)라는 투명 콜라를 선보인 적이 있다. 콜라에서 갈색을 제거하는 방법을 알아내다니 이 얼마나 똑똑한 친구들인가. 그러나 단지 몇 개의 분자를 바꿀 수 있다고 해서 당신의 자아에 대한 생각도 지나치게 바꾸어서는 곤란하다. 좋은 판단은 자아가 아니라 현실에 기반한 것이어야 하기 때문이다. 콜라는 투명이 아니라 갈색이다. 그리고 아무도 이러한 대체품을 마시고 싶어 하지 않았다. (크리스탈 펩시의 김은 빨리 빠져 나갔다.)

상식을 무시하고 비논리적으로 흐르기 시작하면 당신의 혁신은 훨씬 어려운 상황에 봉착하게 된다.

- 세계레슬링연맹(World Wrestling Federation)은 비교적 보수적인 방송사 NBC와 힘을 합쳐 전혀 새로운 프로풋볼리그, XFL을 출범시킨다. WWF의 회장 빈스 맥마흔(Vince McMahon)은 XFL이 "텔레비전 역사에 길이 남을 것"이라고 호언장담했다.

2001년 3월, XFL은 프라임타임에 방영된 그 어떤 쇼들보다 낮은 시청률을 기록하며 정말로 역사의 한 장을 장식하였다. XFL은 허술하게 기획되고 허술하게 준비되었고 무엇보다도 엉터리였다. 아무도 이렇게 형편없는 미식축구를 보고 싶어 하지 않았다. 이 참사로 NBC는 2,500만 달러의 손해를 봐야 했다.

 • 인터넷과 관련된 바보 같은 아이디어들 중 온라인 배달 서비스만큼 비논리적인 것도 없을 것이다.

온라인 배달이란 사업 모델은 모든 손님들이 한 가게에 와서 사도록 하는 것보다 수십 명의 배달원이 수백 개의 가정에 수천 개의 식료품과 아이스크림 가방을 배달하는 것이 더 경제적일 것이라는 전제에 기대고 있다.

그런데 정말 그런가?

지금 와서 돌이켜보면 논리적으로 당연한 귀결이겠지만, 웨번 그룹(Webvan Group), 코즈모닷컴(Kozmo.com), 얼번펫치닷컴(Urbanfetch.com), 피디퀵(PDQuick) 그리고 피포드(Peapod Inc.) 등이 온라인 배달의 형제들은 수천 수억만 달러를 날리고 수십 명의 투자가들의 가슴에 못을 박은 후 컴퓨터를 끄고 그들의 고객과 직원, 투자가들에게 작별을 고하고 사라졌다.

위험의 다섯 가지 형태

데이먼 러니언(Damon Runyon)[4]은 이렇게 말한 바 있다. "모든 인간사에서 안 될 가능성은 항상 6대 5이다."

이것은 약간 우울한 말일 수도 있지만, 우리가 하는 모든 일과 우리가 내리는 모든 사업적 결정, 그리고 우리의 고객들이 심사숙고하여 내리는 모든 구매 결정에는 항상 어떤 위험이 따른다.

이 장에서는 고객들이 인식하는 위험에 대해 알아보고 당신의 혁신이 그것을 완화시킬 수 있는지에 대해 얘기해볼 것이다.

당신의 새로운 아이디어는 이 위험의 척도에서 과연 어디쯤에 위치할까?

행동주의 과학자들은 사람들이 일상생활에서 인식하는 위험의 종류를 다섯 가지 형태로 구분한다. 이를 바탕으로 이제 막 태어나려고 하는 당신의 아이디어를 평가할 수 있을 것이다. 당신의 아이디어는 이 위험들 중 하나 이상을 제거하거나 적어도 완화하는가?

1. 금전적 위험. "셔츠를 날릴 뻔 했어."

책상에 놓을 어떤 작은 물건을 사기 위해 19.95달러를 들이는 것은 경미한 위험이지만, 팩스 – 복사기 – 스캐너 – 프린터 복합기를 사기 위해 1,995달러를 들이는 것은 커다란 위험을 감수하는 것이다.

---

4 데이먼 러니언Damon Runyon은 〈아가씨와 건달들〉의 원작을 쓴 작가이다.

2. 기능적 위험. "작동이 잘 안 될 수도 있어. 생각대로 작동되지 않을 수도 있어."

사용 방법이 너무 복잡하고 혼란스러운 제품들은 위험해 보인다. 팩스 – 복사기 – 스캐너 – 프린터 복합기가 그런 예 중 하나이다. 대부분의 사람들은 아직도 VCR 작동법을 위해 도움을 필요로 한다는 사실을 기억하자.

3. 물리적 위험. "위험해 보여. 다칠 수도 있겠어."

전자레인지는 초기 몇 년 동안 이런 두려움에 직면해야 했다. 오늘날 사람들은 방사선이 없는 전기담요와 핸드폰을 강력히 요구하고 있다.

4. 사회적 위험. "내가 이것을 사면 내 친구들이 어떻게 생각할까?"

동료 효과와 군중심리 효과를 절대로 과소평가하지 마라.

5. 심리적 위험. "이걸 하면 죄책감이나 무책임하다는 생각이 들지도 몰라."

생명보험이나 연금보험의 판매자들은 이 카드를 반대로 사용하길 좋아한다. 즉, "사지 않으면 죄책감을 느끼게 될 것이다!"

여섯 가지 최종 체크포인트

경영의 대부 피터 드러커(Peter Drucker)가 관리자들을 지도하면서 강조하는 몇 가지 원칙이 있다.

그는 항상 안에서 밖을 볼 것이 아니라 밖에서 안을 들여다보라고 조언한다. 당신의 회사를 고객과 시장의 관점에서 바라보아야 한다는 것이다. 그리고 당신의 사업은 당신의 고객들이 제품이나 서비스를 구매했을 때 느끼는 만족에 의해 규정된다는 사실을 절대 잊어서는 안 된다는 것이다.

드러커의 현명한 조언을 되새기며 이제 막 태어난 당신의 아이디어를 최종적으로 평가하기 위한 여섯 가지 체크포인트를 다음과 같이 정리해 보았다.

이제 이 체크포인트들을 하나씩 자세히 검토해 보도록 하자.

1. 당신의 아이디어는 특정한 필요를 충족시키는가?
2. 당신의 아이디어는 기존보다 정말로 향상된 것인가?
3. 당신의 아이디어는 기존보다 사용하기가 더 편리한가?
4. 당신의 아이디어는 기존보다 더 안전한가?
5. 당신의 아이디어는 경쟁력 있는 차이점을 가지고 있는가?
6. 당신의 아이디어를 어떻게 현실화할 것인가?

1. 당신의 아이디어는 특정한 필요를 충족시키는가?

뮤지컬 〈Ain't Misbehavin'〉에서 넬 카터는 팻츠 월러(Fats Waller)가 작곡한 이런 불멸의 노래를 부른다. "그들이 무엇을 좋아하는지, 어떻게 하면 좋아하는지를 알아내요. 그리고 꼭 그대로 해줘요!" 만약 그것이 진정한 필요이고, 구매자들이 생각하기에 당신의 아이디어가 그 필요를 충족시킨다면, 당신은 이미 반은 성공한 것이다.

- 소비자들은 지방이 적으면서도 여전히 맛이 좋은 패스트푸드를 위해 농성을 벌이고 있다. 이 요구를 충족시키는 것은 불가능할까? 서브웨이(Subway)와 같은 체인점에게는 그렇지 않았다. 그리고 건강한 음식을 저렴한 가격에 신속하게 제공하는 것에 초점을 맞추는 몇몇 신생 회사들에게도 마찬가지였다. 우리는 지금 나물이나 두부 얘기를 하고 있는 것이 아니다. 쇠고기를 뺀 채식주의자용 샌드위치, 99퍼센트 무지방 소고기 햄버거와 구운 감자, 라이스와 누들, 과일 스무디 등에 대해 얘기하고 있는 것이다. 그리고 디저트로 버터 대신 사과 소스로 만든 저지방 시나몬 롤을 먹는 것은 어떨까? (이들을 이제 웰빙 패스트 푸드점에서 마음껏 즐길 수 있다.)

- 소비자들은 또한 감자칩의 포장을 열기가 매우 힘들며, 또 겨우 열었을 때조차 감자칩들이 사방으로 튄다고 불평했다. (소비자들은 이것마저도 불평한다!) 그래서 스낵계의 거인 프리토 레이(Frito-Lay)의 포장 기술자들은 포장을 여는데 드는 힘을 70퍼센트까지 낮추는 새로운 포장 처리 방법을 개발해냈다.

- 비어 랜드(Beer Land)의 사람들은 펩시가 무색 콜라를 들고 나왔을 때 이 곳에 없었던 것이 분명하다. 왜냐하면 그들도 무색 맥주를 들고 나왔기 때문이다. 무색 맥주라니! 무색 맥주는 정확히 어떤 필요를 충족시키겠다는 것인가?

2. 당신의 아이디어는 기존보다 정말로 향상된 것인가?

다른 말로 하면 당신의 아이디어는 고객에게 의미 있는 방식으로 기존과 달라졌는가? 특히 새로운 고객에게 말이다.

- 파타고니아(Patagonia) 스포츠웨어를 창립한 이본 취나드(Yvon Chouinard)는 초기에 니켈크롬강으로 만든 암반용 스파이크를 개발했는데 이것은 너무나 강하고 가벼워서 등산이라는 스포츠를 근본적으로 바꿔놓을 정도였다. 나중에 그는 커브가 들어간 새로운 피켈(ice ax)을 만들어 냈다. 이를 이용해 등산객들은 폭포가 얼어서 매끄러워진 표면에 좀더 단단히 안착할 수 있었다. "나는 암석과 얼음 때문에 어려움을 겪어야했다." 그는 2001년 11월 26일 『포브스』에 이렇게 말한 바 있다. "그래서 기존의 제품을 가지고 좀더 나은, 그리고 좀더 유용한 제품으로 만들었을 뿐이다."

- 처음에는 AM 라디오가 있었다. 그러다가 좀더 수신이 선명한 FM이 등장했다. 그 다음에는 한 위성 라디오 방송회사의 이름인 XM이 등장했다. 케이블 TV를 모델로 한 이 위성 라디오는 수많은 가정과 자동차들이 이제 광고를 들을 필요도 없고, 수백 개의 채널을 CD와 같은 음질로 제공받게 될 것이라고 장담했다. 이것은 향상을 뜻하는가? 그렇다. 그러나 케이블 TV처럼 이것도 아마 매달 9.95달러 정도의 비용을 내야할 것이다.

- 하인즈(Heinz)는 신상품 이지스쿼트(EZ Squirt) 케첩을 출시하

면서 기존의 빨간색 케첩을 녹색 케첩으로 대체하였다. 물론 어머니들은 "우웩"이라는 반응을 보였지만 어린이들은 "멋있다"는 반응을 보였다. 어린이들에게 이러한 색상 전환이 먹혔던 이유는 이들이 기성세대의 영향에서 완전히 벗어나 있었기 때문이다. (다음은 보라색 케첩이 어떨까?)

- 레이놀즈(R.J. Reynolds)는 최초로 연기가 안 나는 담배를 개발하는 데 엄청난 돈을 들였다. 이 제품에 대한 그들의 논리는 무연 담배가 비흡연자들에게 어필할 수 있다는 것이었다. 불행히도 비흡연자들은 담배를 사지 않는다. 이 브랜드의 출시를 위해 약 3억 2천 5백만 달러가 연기와 함께(또는 '무연과 함께'라고 말해야할까?) 사라져 갔다. 이 담배들은 불을 붙이기도 어려웠고 재도 생기지 않았으며 (흡연자들은 손으로 이것을 털길 좋아한다), 냄새도 고약했다. 이 얼마나 훌륭한 향상인가?

3. 당신의 아이디어는 기존보다 사용하기가 더 편리한가?

사람들은 복잡한 것에 거부감을 느끼고 간단한 것은 환영한다. 기본적으로 우리는 버튼 하나만 누르면 전부 작동되기를 원한다.

- 스타키스트(Star-Kist)의 참치는 우리가 편리함을 좋아하는 세상에 살고 있다는 것을 잘 알고 있었다. 매우 쉽게 열리는 이 비닐 참치 포장은 20억 달러에 달하는 참치 시장의 5퍼센트를 재빨리 장악해 갔다.

- 2년 동안 400번에 걸친 시도 끝에 오클라호마 주립대학의 연구자들은 짜잔~ 슬라이스 형태의 피넛 버터를 개발해 냈다. 이것은 비록 레이저 수술과 같은 수준의 혁신적인 발전을 의미하지는 않지만 분명 사용이 간편해지는 발전을 의미한다. 가로 세로 4인치 정사각형에 한 장 당 120 칼로리씩 하는 피넛 버터가 셀로판지에 포장되었다. 어린이들은 이제 슬라이스 치즈처럼 피넛 버터를 빵에 끼워 넣을 수 있게 되었다. (실험실의 청년들은 아마 지금쯤 슬라이스 젤리에 몰두하고 있지 않을까?)

- 미국 식약청은 당뇨병 환자들이 흡입할 수 있는 분말 형태의 인슐린을 거의 승인하는 단계에 있다. 이것은 매일 주사를 맞는 것보다 훨씬 간편할 것이다. 주사는 고통스럽고 흉터를 남길 수도 있기 때문이다. (상식 하나를 알려드리면, 인슐린은 위에서 파괴되어 혈관까지 도달할 수 없기 때문에 입으로 섭취할 수 없다.)

4. 당신의 아이디어는 기존보다 더 안전한가?

사랑하는 사람과 자신의 신체부위를 보호하고 싶은 것은 사람의 가장 원초적인 본능이다. 그러므로 만약 당신의 아이디어가 위험이나 상해의 가능성을 줄일 수 있다면 그것은 분명 향상을 의미한다.

- 분말 형태의 인슐린은 이 경우에도 후한 점수를 얻는다. 호르몬을 흡입하는 것은 당신의 피부 속으로 바늘을 꽂는 것보다 더 안전하다.

- (제9장에서 언급했던) 잉글우드 병원은 좀더 안전한 '무혈' 수술을 개발해 냈다. 이 수술은 절차 자체가 더 안전할 뿐 아니라 수혈을 통해 감염될 위험도 전혀 없다.

- 버틀러 컴퍼니(Butler Company)는 최초로 항-박테리아 칫솔을 선보였다. 교환이 가능한 이 칫솔의 칫솔모는 의학적으로 검증된 항균 처리 과정을 거쳤다. 이것의 의미는 당신의 치아에 더 안전하다는 것이다.

- 해저에서의 고래 행동을 연구하기 위해 동물학자들은 민첩한 바다사자를 훈련시켜 고래 옆을 헤엄치면서 비디오카메라를 운반하도록 했다. 이 바다사자는 인간 다이버의 역할을 대신했다. 더 안전해졌는가? 인간의 입장에서 보면 당연히 그렇다.

5. 당신의 아이디어는 경쟁력 있는 차이점을 가지고 있는가?

어떤 제품이나 서비스, 회사도 다른 것으로부터 자신을 차별화시킬 수 있다. 광고의 선구자인 로저 리브스(Roser Reeves)는 이것을 '고유 판매 제안(unique selling proposition)' 이라고 불렀다. 당신의 새로운 아이디어가 업계에서 합리적이라는 것을 설득시킬 수 있다면, 당신의 아이디어는 곧 그 업계에서 두각을 나타내게 될 것이다.

- 전국의 모든 병원들이 간호사를 채용하기 위해 혈안이 되어 있다. 그 중 한 진취적인 건강센터는 예비 간호사들이 (의사나 변호사와 마찬가지로) 자격증 시험을 치러야 한다는 사실에 주목

하고, 이들이 시험을 치루고 있는 시험장 바깥에서 간단하지만 커다란 야외 파티를 열었다. 밴드와 맥주, 소시지 등은 신입사원 채용 설명에 엄청난 관객들을 끌어들였다. 이 얼마나 멋진 병원인가! 예비 간호사들은 이렇게 말했고 이를 통해 이 병원은 자신을 다른 병원들과 차별화할 수 있었다.

• 현대 자동차는 다른 자동차들과 뭐가 다른가? 한때 현대는 유명한 토크쇼 진행자들인 제이 레노와 데이빗 레터만의 조롱의 대상이었다. 하지만 이 한국 회사의 미국 경영진들은 엘란트라와 XG300, 산타페 등 자신들이 좋은 외관의 자동차 제품들을 비교적 합리적인 가격에 제시하고 있다는 사실을 잘 알고 있었다. 다만 제품의 품질과 신뢰도에 대해서는 사실 그다지 알려진 바가 많지 않았을 뿐이다. 그들은 미국 고속도로 안전보험연구소(Insurance Institute for Highway Safety)에서 좋은 점수를 얻는 것과 동시에 자동차 컨설팅 회사인 오토퍼시픽(Auto-Pacific)으로부터 최고의 고객 만족도를 얻어나갔다. 또한 '현대 챌린지(Hyundai Challenge)'라는 이름으로 자동차 업계 최초이자 유일하게 10년/10만 마일 워런티를 실시하며 타 회사와의 차별화 포인트를 얻어 나갔다. 미국의 3대 주요 자동차 회사들이 제자리걸음을 하고 있는 동안 현대 자동차의 전시장은 고객들로 넘쳐나기 시작했고 매출은 급속하게 증가했다.

• 요구르트로 유명한 다농(Dannon)의 생수는 과연 뭐가 다를까? 평범한 물에 건강과 웰빙의 브랜드 이미지를 확장하려는 시도

에 대해 소비자들의 반응은 냉담했다. 훌륭한 유산균 문화에 대한 명성이 곧바로 청결한 생수에 대한 호감으로 이동하지는 않는 것처럼 보인다.

6. 당신의 아이디어를 어떻게 현실화할 것인가?

당신의 아이디어를 시장에 판매하려면 그 아이디어를 실행하는 데 드는 경제적인 요소들을 고려하고 각각의 어려움의 정도를 판단해야 한다. 여기에는 투자 자본과 시간적 주기, 전문 인력, 마케팅 비용 등이 포함된다.

- 소니는 과거의 워크맨 컨셉을 워치맨 TV와 디스크맨 CD 플레이어로 변형하였다. (이를 '관리된 진화(managed evolution)'라고 부른다.) 그들은 생산 능력과 마케팅 전략, 그리고 유통 시장에서의 영향력을 바탕으로 이를 현실화시킬 수 있었다.

- 1984년에 생긴 질레트(Gillette)의 오랄 B 칫솔도 이와 비슷한 사례를 가지고 있다. 1984년 당시 칫솔 R&D에 근무하는 사람은 한 명도 없었다. 오늘날 질레트는 150명의 연구원을 갖추고 있다. 그 연구팀은 신 섬유로 만든 칫솔모에서부터 개당 3.49달러에 판매되는 최신식 고급 칫솔에 이르기까지 계속해서 신제품을 만들어 내고 있다. 오랄 B의 매출은 1984년 이래로 다섯 배 이상 증가했다.

- 작은 회사에게는 보통 지역적 접근(localized approach)이 올바

른 방법이다. 로즈메리 댈(Rosemary Deahl)은 건강에 민감한 패스트푸드점이자 시카고에만 매장을 둔 하트와이즈 익스프레스(HeartWise Express)라는 가게를 열기로 했다. 130만 달러에 이르는 이 레스토랑의 매출액은 이제 근처의 맥도널드와 버거킹, 웬디스에 맞먹는다.

* 세상을 돌아가게 하는 것은 보통 돈 문제로 귀결된다. 진정한 차별성을 가지고 있던 한 컴퓨터 회사의 슬픈 이야기를 잠시 살펴보자. 이 회사는 뜨거운 레스토랑 주방처럼 극심한 환경에도 끄떡없는 PC를 개발해 냈다. 강철처럼 튼튼한 컴퓨터를 만드는 사람이 아무도 없다는 데 주목한 존 오핀카(John Opincar)는 가족과 친구들에게서 5만 달러를 빌려 철의 컴퓨터 회사 아이언 컴퓨터(Iron Computer)를 차리기로 한다. 그러나 그는 초반 인터넷 판매에 너무 많은 것을 기대었다. 그다지 수입이 들어오지 않았고, 아이언 컴퓨터는 훌륭한 차별화 포인트에도 불구하고 결국 파산할 수밖에 없었다.

실행되었을 때 비로소 혁신이라 부를 수 있다

이렇게 말하니 무척 어려운 일처럼 들린다.
사실이 그렇다.
아이디어 자체는 새로운 것일 수 있다. 그러나 진정한 혁신이란 새로운 것을 '실행하는 것' 이다.

이미 1969년에 하버드 교수인 테드 레비트(Ted Levitt)는 『사업 성
장을 위한 마케팅Marketing for Business Growth』에서 다음과 같
이 충고한다.

> 많은 사람들이 자신이 생각해낸 아이디어를 제시하는 것으로 그들의
> 임무가 끝났다고 생각한다. 그 제안을 실제로 실행하는 것은 다른 누
> 군가에게 달려있다고 생각하는 것이다. 자고로 기업이란 '실행에 옮
> 기는 것을 목표로 하는' 기관인 만큼 행동력이 결여된 창조성이란 공
> 허한 행동 양식이라 하지 않을 수 없다.

다른 말로 하자면, 아이디어를 행동으로 옮기는 것은 바로 당신에
게 달려 있다.

불알처럼
강한 용기를
가져라

팡.

13

부디 우리를 용서해라.

기분 상하지 않았기를 바란다. (그러기에 여러분들은 너무 멀리 왔다.)

하지만 솔직히 말해 혁신적인 아이디어를 의미 있는 조직적 행동으로 전환하는 데 필요한 '비유'를 드는 데 있어 불알(cojones)이란 단어보다 더 좋은 것도 없을 것이다.

웹스터 사전은 불알의 정의를 다음과 같이…… 사실 웹스터는 불알의 정의를 내리고 있지 않다. 웹스터가 그러기를 바랄 수도 없을 것이다.

하지만 『아메리칸 슬랭 사전Dictionary of American Slang』은 그 용어를 다음과 같이 정의한다.

Cojones(코-호-네즈) 명사. 용기. 대범... "전국 박람회에서 상을 탈 양배추처럼 큰 불알이 필요해……" – 『Car and Driver』.
"당신은 스테인레스 스틸 불알을 얻은 것입니다." – 제임스 리 버크 혁신적인 아이디어를 행동으로 전환하는 데에는 신념에서 나오는 용기와 꺾일 줄 모르는 강인함, 그리고 스테인레스 스틸과 같은 거시기가 필요하다.

슬픈 사실은 대부분의 회사와 비영리단체, 동업 조합, 병원, 대학, 회계법인, 축구팀, 합창단, 바느질 모임 등 1인 소유가 아닌 모든 곳은 그다지 혁신을 양성해 내지 못하고 있다는 것이다. 그들은 변화를 천천히 수용하고, 마지못해 새로운 아이디어를 받아들인다. 새로운 아이디어를 승인하는 데에는 대담함을 필요로 한다. 그리고 칼 폰 클라우제비츠(Karl von Clausewitz)에 따르면 "대담함은 지위가 높아질수록 찾아보기 어렵게 된다."

이 얼마나 슬픈 현실인가. 주요 금융기관의 한 CEO는 외부 변호사들에게 먼저 자문을 구하기 전까지는 절대 코도 풀지 않는다. 이런 환경은 혁신을 이끌어내는 데 그다지 좋은 환경이 아니다.

사실, 당신의 사장이 진심으로 경쟁력을 추구하기보다는 '안전', 특히 자신의 지위에 대한 안전에 더 신경을 쓰는 사람이라면, 그에게서 새로운 아이디어를 승인받기란 결코 만만치 않은 일이 될 것이다. 그러므로 새로운 아이디어를 생각해 내는 사람들이라면 누구든지 먼저 그들의 아이디어가 실현되는 것을 막는 관료주의적 반대론자들과 맞서 싸울 준비를 해야 한다.

방해물을 조심하라

혁신가는 자신의 혁신적 아이디어가 실현되는 모습을 보기를 간절히 원하는 용기를 지녀야 한다. 이는 앞으로 다가올 여러 가지 방해물들에 맞서 싸우거나 최소한 그것들을 인식하고 있어야 한다는 것을 의미한다.

- NIH 증후군: "우리가 만들지 않았음(Not Invented Here)"[1] 정신은 관료주의 곳곳에 살아있다.

만약 새로운 아이디어를 생각해내는 것이 당신의 업무 설명에 특별히 명시되어 있지 않다면 당신에게 시스템을 바꿔야 한다고 제안할 권한은 없다. 적어도 많은 회사에서의 업무처리 방식은 이와 같다.

그런 곳에서 새로운 아이디어는 말 그대로 분노의 대상이 된다. 왜냐하면 '아이디어를 생산할 권위를 부여받은 부서'에서 나오지 않았기 때문이다. 이보다 더 심한 경우에는 다른 사람의 아이디어를 당신의 목적을 위해 빌리는 것은 엄격히 금지된다. 이것은 분명 NIH의 폐해이다.

- 귀찮음: 새로운 아이디어란 성가심을 유발한다는 사실을 직시하라.

뭔가 새로운 것을 연구해야 한다는 것은 귀찮은 일이다. 아직 검

---

1 NIH(Not Invented Here) 신드롬이란 자신이 최고라는 생각으로 외부의 것을 수용하지 못하는 성향을 의미한다. 선진 기업의 연구 조직은 흔히 자신들이 직접 개발하지 않은 기술이나 연구 성과에 대해 배타적인 성향을 보인다고 한다. Katz & Allen은 이러한 현상을 NIH 신드롬이라고 정의했다.

증되지 않은 방법을 승인하거나, 결국 실패로 끝나거나 컨셉 '도용'
으로 고소당할지도 모르는 뭔가를 출시하기 위해 위험을 감수하는
것도 분명 성가신 일이다.

조직은 귀찮은 일을 싫어한다. 꾸물거리기 좋아하는 조직은 "왜
우리가 신경 써야 되지?"라고 반문할지도 모른다. 그리고 사실 너무
나 많은 조직들이 귀찮은 일은 하지 않는다.

- 정치적 역관계: 중요한 것은 당신이 만들어 낸 '것'이 아니라
  당신이 '누구'를 알고 있고 '어디에' 위치하고 있는가이다.

조직의 규모가 작든 크든, 또는 조직의 성격이 공적이든 사적이
든, 대학이든 병원이든 모든 조직은 정치적이다. 내부의 정치적 역
관계는 종종 조직에게 가장 큰 방해물일 때가 많다.

당신의 아이디어를 지지해 주는 경영진이 없거나 당신의 세력이
충분히 크지 않다면, 당신의 아이디어가 통과될 가능성은 급격히 줄
어든다. 그래서 새로운 아이디어를 내놓기 전에 전략적으로 내부 지
원을 구축할 필요가 있는 것이다.

자고로 기업에서의 정치 역학은 자기 이익을 둘러싸고 벌어지므
로, 당신은 당신의 아이디어가 어떻게 반대자들에게 득이 되는지를
생각해내고 그들로부터 동의를 이끌어낼 수 있어야 한다. 필요하다
면 아이디어를 수정해라. 그러나 회사 시스템을 가지고 물고 늘어지
지는 마라. 왜냐하면 십중팔구 그것은 실패할 것이기 때문이다.

하지만 제대로 된 사람들을 설득시키고 그들의 확신을 얻어낼
수 있다면 방해물을 극복할 가능성이 훨씬 많아졌다고 할 수 있다.

부정적인 생각은 그만 하도록 해라. 아무도 이렇게 마지막 단계에 당신을 방해하고 싶어 하지 않는다. 이제 당신의 아이디어와 기업의 실천 사이에 놓여있는 장애물에 대해 알았으니, 지금부터는 실행에 옮기기 위해 무엇이 필요한지에 대해 알아보도록 하자.

열정

먼저, 열정이 필요하다.

많은 회사에서 너무나 많은 사람들이 아무런 열정도 없이 일하고 있다. 당신은 여기서 예외가 되어야 한다.

당신이 하는 일과 당신의 조직이 제공하는 것의 가치에 대해 열정적으로 신뢰하라.

월트 디즈니 컴퍼니는 '열정'을 강조함으로써 창조적 집단을 양성해 낸다. 디즈니 인스티튜트에서는 예약 담당 직원들에게 고객의 입장에서 디즈니를 경험하도록 하고 있다. 그들은 하룻밤 동안 리조트에 머물러 보고 레스토랑에서 식사해보며 스파와 피트니스 센터를 이용해보고 다양한 프로그램에 참관한다.

이것은 직원들에게 그들이 고객에게 얼마나 호화로운 서비스를 제공하는지 알게 해주고 좀더 열정적으로 서비스를 제공하도록 만든다.

이와 마찬가지 방식으로 지그 지글러, 톰 피터스, 심지어 토니 로빈스까지 포함하여 최고의 연설가들은 그들이 설교하는 내용에 대해 열정을 가지고 있기 때문에 지금처럼 말을 잘 하는 것이다.

당신도 당신의 아이디어에 대해 이와 비슷한 열정이 없다면 회사의 장애물을 극복하기란 결코 만만치 않을 것이다. 그러므로 혁신에 대한 열정은 필수사항이다.

논리

열정은 논리에 의해 뒷받침되어야 한다.

인터넷 거품이 최고조에 달하던 호황기에는 신경제의 회사든 구경제의 회사든 모두 자신의 '비밀 실험 부서'를 후원했다. 비밀 실험 부서란 보통의 규범에서 벗어나는 프로젝트를 맡는 그룹을 말한다. 비밀 실험 부서 사람들은 회사의 진정한 혁신가들이었다. 그들은 자신들이 원하는 대로 창조할 전권을 위임받았다.

오늘날 거품 붕괴와 경기 침체의 여파 속에서 대부분의 회사들은 창조적인 사람들에게 이보다 훨씬 덜 관대해졌다. 회사들은 논리에 근거한 아이디어를 원하고, 아이디어 생산가들은 이에 순응해야만 한다. 이미 지적한 바와 같이 현명한 혁신적 아이디어들은 모두 탁월한 논리적 접근(차용, 결합, 대체 등)에서 시작된다.

- 2001년 봄 광우병이 영국 쇠고기 시장을 휩쓸었을 때 맥도널드는 일단 자신의 영국 쇠고기들은 안전하다는 것을 알리는 데 주력했다.

그러나 영국의 어느 누구도 이 거대 미국 햄버거 회사의 말을 믿으려 하지 않았다.

그래서 맥도널드는 생각을 고쳐먹고 제거의 논리에 의존하기로 했다. 맥도널드는 공식적으로 4일 동안 자신의 모든 고기 제품을 철수하기로 결정했다. 그리고 영국산이 아닌 새로운 쇠고기로 선반을 다시 채워나갔다.

그 결과 쇠고기 판매를 중지한 4일 동안 맥도널드의 매출은 단지 15퍼센트의 감소에 그쳤으나 쇠고기 공급이 재개되었을 때 맥도널드의 쇠고기 판매량은 꾸준히 증가할 수 있었다.

용기

자신의 혁신적 아이디어가 세상의 빛을 보도록 하는 데 필요한 마지막 요소는 바로 용기이다.

가장 훌륭한 혁신가들은 분명 열정적이고 논리적이지만 또한 뭔가를 거스를 줄 안다. 그들은 다르다. 그들은 평범함에서 벗어난다. 그들은 배짱 있고 위험을 감수하며 무엇보다 용기있다.

2001년 6월 29일자 〈이노베이션 저널Innovation Journal〉에 따르면 "혁신가란 위험을 감수하고 기존의 지혜에 반대하며…… 끊임없이 불손한 질문들을 해대고…… 왜 그런지 또는 왜 그렇지 않은지, 그리고 어떻게 할 것인지를 캐묻는다. 그는 향상을 위해 아이디어를 제시한다. 그는 리드할 준비가 되어 있으며 또한 자신의 아이디어에 대해 확신으로 가득 차 있다."

- 마치 마이클 델(Michael Dell)처럼 말이다.

델은 그가 기존의 컴퓨터 회사와 매장 공간을 놓고 경쟁할 수 없
다는 사실을 잘 알고 있었다. 그 업계에 종사하는 모든 회사들은 감
히 우편 주문 회사가 컴퓨터처럼 고가의 제품을 제공하는 것에 대해
고객들이 신뢰하지 않을 것이라고 생각했다.

그러나 마이클 델은 그렇게 생각하지 않았다. 그는 기존의 법칙을
깨고 다이렉트 마케팅을 펼쳤으며 5년 만에 8억 달러의 회사를 만들
어냈다.

- 또는 크리스토퍼 리브(Christopher Reeve)도 있다.

신체가 마비된 이 배우는 슈퍼볼 역사상 가장 뜨거운 논란에 휩싸
인 광고에 출연한다.

2000년 누빈 인베스트먼트(Nuveen Investmens)는 리브가 휠체어
에서 일어나 무대로 걸어가는 60초짜리 스폿 광고를 제작했다. 깜짝
놀란 관객들은 광고에서 내레이터가 "미래에는 놀라운 일들이 많이
벌어질 것입니다. 당신은 어떤 놀라운 일을 일어나게 할 수 있습니
까?"라고 말하는 동안 큰 박수를 보냈다.

이 광고는 즉시 저속한 착취라는 비난을 이끌어 냈다. 그러나 긍
정적인 효과도 만들어 냈다. 누빈의 매출과 주식 가격은 슈퍼볼 방
송 이후 극적으로 상승했다.

누빈이 두 번째 캠페인을 준비하고 있는 동안 다른 마케터들도 그
들의 광고에 논쟁적인 요소를 끌어들이는 누빈의 전략을 모방하기

시작했다.

- 또는 마테이 아가손 댄(Matei-Agathon Dan)도 있다.

혹시 궁금해 하는 사람들을 위해 설명하자면 이 신사는 루마니아 관광부 장관이다.

루마니아의 관광 산업이 주춤거리자 댄 장관은 그의 나라를 세계적인 관광 명소의 반열에 올려놓기 위해 새롭고 대범한 조치를 강구하는 아이디어 회의를 소집했다.

그리고 이렇게 하여 트란실바니아의 전설적인 루마니아 백작을 기리기 위해 4천만 달러의 테마 파크가 탄생하게 된다.

그렇다. 바로 드라큘라 랜드가 탄생한 것이다.

계획에 따르면 이 '호러 테마 파크'는 2003년까지 15세기 블라드 더 임팰러(Vlad the Impaler) 왕자의 고향인 시기소아라라는 중세 도시에 완공될 예정이라고 한다. 블라드는 터키인 포로들을 말뚝으로 박길 좋아하는 그의 성향 때문에 지역 주민들로부터 '말뚝 왕자(stakes-man)'라는 명성을 얻었다고 한다. 그리고 이것은 소설가 브램 스토커(Bram Stoker)에게 드라큘라 원작을 쓰도록 영감을 주었다.

댄 장관의 아이디어에 대해 어떻게 말할 수 있을까? 약간 제정신이 아닌 것은 아닐까? 아마 그럴지도 모른다.

하지만 그것은 또한 의심의 여지없이 엄청난 용기를 뜻하기도 한다.

두려워하지 마라

마지막으로 가장 잘 짜여진 계획(또는 그렇지 않은 계획)도 잘 안될 수 있다는 사실을 말해두어야 겠다.

그러므로 실패를 두려워하지 마라.

IBM에서부터 시티뱅크, 마이크로소프트에 이르기까지 최고의 회사들은 실패를 사업의 당연한 비용으로 받아들일 때만이 새로운 아이디어도 자유롭게 흘러나올 수 있다는 사실을 잘 알고 있다.

최고의 아이디어는 간혹 가장 큰 실패로부터 나오기도 한다.

* 에드셀(Edsel)의 경우를 살펴보자.

포드의 에드셀은 자동차 역사상 최악의 재앙 중 하나였다. 그것은 마치 올즈모빌이 쓰디쓴 레몬을 빨고 있는 상황처럼 보이기까지 했다.

포드는 에드셀을 통해 제너럴 모터스와 경쟁할 수 있는 완전한 제품 라인을 갖추게 될 것이라 예상했다. 그만큼 그 차는 꼼꼼하게 디자인되고 공들여 제작되었다. 그러나 결과는 참혹했다.

그러나 에드셀 재앙이 터졌을 때 포드는 뭔가 자동차 시장이 변하고 있다는 사실을 감지할 수 있었다. 그 회사는 시장이 이제 소득에 따라 분할되는 것이 아니라 라이프스타일에 따라 분할되고 있다는 사실을 발견했다.

에드셀의 참패 속에서 얻은 이러한 깨달음은 마침내 회사를 다시 업계 선두로 일으켜 세운 무스탕(Mustang)의 성공으로 이끌었다.

이와 마찬가지로, 자칭 혁신가인 당신의 경우에도 이제 두려움은 잊어버려라.

다음을 당신의 사전에서 지우도록 하라.

- "나는 창조적인 능력이 부족해."
- "다른 사람들이 어떻게 말할까 두려워."
- "내 명성이 깎일 거야."
- "아마도 안 될 거야."
- "나중에 실수로 판명될 거야."
- "나는 실패할거야."

이 모든 것들을 잊어버려라.

제시하고, 제안하고, 대체하고, 결합하라. 확대하고 축소하라. 다른 식으로 사용하고, 제거하고, 뒤바꾸고, 되살려라.

한 마디로, 창조적인 사람이 되라. 즐기고 도전하라.

뛰어난 아이디어맨이 되라.

그리고 창조적으로 변한 당신의 모습을 음미하면서, 크고 자랑스러운 목소리로 모든 아이디어 챔피언들의 다음과 같은 외침을 당당히 외쳐라.

"나는 드라큘라 랜드로 간다!"

그 승리를 이뤄 낸 것은 바로 당신이기 때문이다.